Martin Küpper

Materialismus

PapyRossa Verlag

Für Hans-Joachim Petsche.

Eine Übersicht aller Titel der PapyRossa-Reihe
Basiswissen Politik / Geschichte / Ökonomie
finden Sie unter shop.papyrossa.de/basiswissen

2., überarbeitete Auflage 2021

Luxemburger Str. 202, D-50937 Köln
Tel.: +49 (0) 221 – 44 85 45
Fax: +49 (0) 221 – 44 43 05
E-Mail: mail@papyrossa.de
Internet: www.papyrossa.de

Druck: Interpress

Die Deutsche Nationalbibliothek verzeichnet diese Publikation in der Deutschen Nationalbibliografie; detaillierte bibliografische Daten sind im Internet über http://dnb.d-nb.de abrufbar

ISBN 978-3-89438-639-9

Basiswissen

Politik / Geschichte / Ökonomie

Inhalt

Vorwort

Eine kurze Einführung in einen Themenbereich zu geben erfordert immer auch, bestimmte Schwerpunkte zu setzen, die einen eigenen roten Faden spinnen. Das produziert bei aller Bemühung um historisches Gleichmaß Auslassungen. Dementsprechend wird in dieser Einführung eine Reihe von wichtigen Epochen, Theorien, Strömungen, Themenbereichen und Akteuren entweder gar nicht oder nur am Rande erwähnt. So wird der Text vornehmlich auf die europäische Entwicklung der Philosophie fokussieren, wobei orientalische Einflüsse Erwähnung finden, aber indische und chinesische Philosophie wiederum ausgeklammert werden. Manch einem werden die Entwicklungen der Naturwissenschaften stiefmütterlich behandelt vorkommen, dem anderen werden der Sensualismus und mit ihm so wichtige Denker wie Thomas Hobbes, Pierre Gassendi, John Locke oder Helvétius fehlen oder Aristoteles' Materievorstellung zu knapp dargestellt sein, der Dritte hätte gerne noch mehr über zeitgenössische Verflechtungen der Theorie- und Gesellschaftsentwicklung oder Institutionsgeschichte erfahren usw.

Die Auslassungen und Verkürzungen sollen meinerseits keine Geringschätzung ausdrücken. Vielmehr sind die Gründe schlicht. Zum einen würde eine auf Vollständigkeit zielende Darstellung eine andere Herangehensweise erfordern, die nicht nur die Hauptlinien der Entwicklungen, sondern auch die Neben- und Irrwege sowie die disziplinfremden Einflüsse und Rückwirkungen in den gesellschaftlichen Konnex einbettet. Das ist jedoch weder aus der Feder eines Autors noch im Rahmen einer Einführung möglich. Zum anderen ergeben sich die Knotenpunkte aus den grundlegenden Fragestellungen, deren Beantwortung ich in dieser Einführung andeuten möchte.

Für die Zwecke dieses Buches wird Materialismus als diejenige Weltanschauung aufgefasst, die die Genese, die Struktur, die Wirkung und die Erkennbarkeit der Materie begrifflich erörtern möchte und zum Zentrum und Ausgangspunkt ihrer theoretischen Erwägungen, mithin zum zentralen Prinzip der Wirklichkeit macht. Dabei ist der Begriff der Materie stets historischem Wandel unterworfen und insofern nicht identisch mit Materialismus, als auch in anderen Weltanschauungen und Wissenschaften Materiekonzepte entstanden. Der Fokus dieser Einführung liegt daher auf der Frage, was Materialismus in der Philosophie bedeutet, wie dieser sich historisch entwickelte, inhaltlich und methodisch ausdifferenzierte, welche Formen er annahm und welche Frontstellungen er bezog.

In die Geschichte materialistischer Philosophie einzuführen bedeutet, die Konzeptionen nicht als Abfolge freischwebender Ideen darzustellen, sondern als theoretisch-praktische Lösungsversuche in bestimmten historischen, problembehafteten Situationen darzulegen, die z. T. unterschiedliche Inhalte und Methoden erforderten oder hervorbrachten. Ein Blick in die einzelnen Epochen, die Lebenssituationen der Theoretiker und den Stand der Wissenschaften ist daher unerlässlich, um die Dynamik der theoretischen Strategien und der Theorieproduktion, wie sie der Philosophie eigen sind, angemessen zu verstehen.

Typisch für philosophische Theorien sind häufig die schwer zugängliche Form und die höchst abstrakten Inhalte der Texte. Die Einführung versucht, den philosophischen Jargon zu vermeiden, indem immer wieder illustrative Beispiele zur konstruktiven Erläuterung von Gedankengängen oder Begriffserklärungen eingeflochten sind. An einigen Stellen ließ er sich jedoch nicht vermeiden, da vor allem die Theoretiker selber zu Wort kommen sollen und der Komplexitätsgrad der philosophischen Theoriegebäude mit der fortschreitenden Geschichte zunimmt. Die Quellenangaben im Text und die weiterführende Literatur zeichnen die Spuren, die auf eine vertiefende Beschäftigung hinweisen sollen.

Christian Dietrich, Lena Kreymann, Matthias Küpper, Vincent Malmede, Jette Schwarz, Malte Spitz und Daniel Queiser haben ältere Fassungen dieser Einführung auf Herz und Nieren geprüft. Für ihre zahlreichen, wertvollen Hinweise und Anregungen möchte ich ihnen herzlich danken. Jan Loheit und Angela Mitschke möchte ich meinen ganz besonderen Dank aussprechen, da ohne ihren Einsatz, ihre Geduld und ihren beständigen Zuspruch diese Einführung nicht fertiggestellt worden wäre.

1. Was ist Materialismus?

Schon bei seiner begrifflichen Geburt hatte es der Materialismus schwer. Er kam als weltanschaulicher Kampfbegriff seiner Gegner in diese Welt, sollte seine Vertreter als gottlos, unmoralisch, egoistisch und unseriös verunglimpfen und so eine mögliche Anhängerschaft verhindern.

Als philosophische Position wird er zum ersten Mal nachweislich von dem englischen Philosophen und Dichter Henry More (1614–1687) in den *Divine Dialogues* (1668) erwähnt. Hierin ist es der witzige und integre »Materialist« Hylobares, der versucht, die Existenz Gottes und die Ewigkeit der Seele zu widerlegen. Von seinem Dialogpartner Philotheus eines Besseren belehrt, gibt er seinen atheistisch-materialistischen Standpunkt schamerfüllt wieder auf. Im deutschen Sprachraum entstand der Begriff zu Beginn des 18. Jahrhunderts. Der Theologe und Philosoph Samuel Clarke (1675–1729) – ein Schüler Isaac Newtons (1642/43–1726/27) – und der Universalgelehrte Gottfried Wilhelm Leibniz (1646–1716) kommen in ihrem Briefwechsel darin überein, dass die Leugnung der Religion »sehr zu beklagen« sei. Sie wenden sich gegen die »Materialisten«, die »die menschliche Seele und (…) sogar Gott selbst zu einem körperlichen Wesen machen.« Dabei zeigten doch die »mathematischen Grundlagen der Philosophie«, dass »die Materie oder Körper der kleinste und unbedeutendste Teil des Universums sind.«[1] Clarke beipflichtend fügt Leibniz hinzu, dass die »*die Grundsätze der Materialisten* viel dazu beitragen, den Unglauben zu stützen.«[2] Auch der Verleger und Philosoph Johann Heinrich Zedler (1706–1751) übt

1 Clarke an Leibniz, in: Dellian, Ed (Hg.): Samuel Clarke. Der Briefwechsel mit G. W. Leibniz von 1715/16, Hamburg 1990, S. 12.

2 Ebd., S. 17.

in seinem *Universal-Lexicon Aller Wissenschaften und Künste* (1732–1754), dem umfangreichsten Lexikon des 18. Jahrhunderts, unter dem Eintrag »Materialisten« harsche Kritik an den Inhalten des Materialismus. Materialistisches Denken sei »der Religion und Tugend nachteilig«, weil Materialisten die Existenz von »Geister[n] läugnen«. »Die Kraft des Verstandes« würden sie gar dem »Leibe selbst« zuschreiben, der »vermöge seiner blossen mechanischen Struktur (...) ohne Direction und Zuthun der Seele oder eines andern geistigen Wesens von sich selbst vernünftig reden und die Hand schreiben« ließe. Die Materialisten seien eine »schlimme Sekte unter den Philosophen«.[3] Die frühneuzeitliche Gegnerschaft des Materialismus wehrte sich also vor allem gegen die praktischen Folgen materialistischer Anschauungen.

Die Vorwürfe der Immoralität, des Atheismus und der Grobheit der Welterklärung einerseits und die Kritik an den politischen Institutionen sowie den gegebenen ideologischen Schranken andrerseits zeigen in einer christlich-feudal geformten Gesellschaft eine revolutionäre Sprengkraft an. Die französischen Revolutionäre des 18. Jahrhunderts hätten etwa ohne die materialistische Befreiung des Denkens aus den Fesseln der christlichen Theologie keine *Erklärung der Menschen- und Bürgerrechte* (26. August 1789) schreiben und allmählich realisieren können. So sah z. B. Artikel 3 vor, dass die politische Souveränität vom Volke und nicht von einem gottbegnadeten König auszugehen habe. Infolgedessen wurde der Beiname von Ludwig XVI. (1754–1793) am 10. Oktober 1789 von »König Frankreichs« in »König der Franzosen« umgeändert. Von nun an sollte das Königtum den neu entstehenden bürgerlich-zivilen Körperschaften untergeordnet, ihnen gegenüber rechenschaftspflichtig sein, wofür wiederum aufklärerische Staats- und

3 Zedler, Johann Heinrich: Universal-Lexicon Aller Wissenschaften und Künste, Bd. 19, 1731 ff., Sp. 2017.

Rechtskonzepte Pate standen, wie Jean-Jacques Rousseaus (1712–1778) Vorstellung der Volkssouveränität aus dem *Contrat Social* von 1762.

Die Vorwürfe gegen den Materialismus wurden seit seinem Aufkommen nicht mehr inhaltlich verändert. Noch hundert Jahre später, im sogenannten Materialismusstreit in der Mitte des 19. Jahrhunderts polemisierte der Physiologe Rudolph Wagner (1805–1864) gegen materialistische Anschauungen in den Naturwissenschaften, die vor allem vom Naturwissenschaftler und Politiker Carl Vogt (1817–1895) und den Medizinern Ludwig Büchner (1824–1899) und Jakob Moleschott (1822–1893) vertreten wurden.[4] Vogt hatte erklärt, dass »die Gedanken in demselben Verhältnis etwa zu dem Gehirn stehen, wie die Galle zu der Leber oder der Urin zu den Nieren. Eine Seele anzunehmen (…), ist reiner Unsinn.«[5]

Der Materialismus als Weltanschauung formte sich maßgeblich aufgrund der Fremdbezeichnungen.[6] Doch was wurde als »Materialismus« aufgegriffen? Auch wenn der Theologe Johann Georg Walch (1693–1775) im *Philosophischen Lexicon* den Materialismus als Irrtum bezeichnet, werden die entscheidenden Punkte aufgezählt. Der Materialismus beschäftige sich mit »Ansehung der Materie« und gehe mit der Meinung einher,

---

4 »Man darf es nicht immer hingehen lassen, wenn dies frivole Gesindel die Nation um die theuersten von unseren Vätern ererbten Güter betrügen will und schamlos aus dem gährenden Inhalte seiner Eingeweide den stinkenden Athem dem Volke entgegenbläst und diesem weiss machen will, es sei eitel Wohlgeruch.« Wagner, Rudolph: Ueber Wissen und Glauben mit besonderer Beziehung zur Zukunft der Seelen, Göttingen 1854, S. 4.

5 Vogt, Carl: Physiologische Briefe für Gebildete aller Stände, Gießen 1854, S. 323.

6 Diese Vorwürfe gegen materialistisches Denken treten auch heute zutage, wenn etwa kreationistische Theorien die Abstammung des Menschen vom Primaten bestreiten oder Materialismus im alltäglichen Sprachgebrauch eine vornehmlich egoistisch verankerte Lust- und Bedürfnisbefriedigung meint.

dass es keine anderen als körperliche Substanzen geben könne. Hierfür werden »alle Begebenheiten und Würckungen der natürlichen Cörper blos aus der Beschaffenheit der Materie, als deren Größe, Figur, Schwere, Gegeneinanderhaltung« hergeleitet. Inzwischen sei es, so Walch weiter, »nicht ungewöhnlich, daß man in der Physic die Mechanicos auch Materialisten nennet.«[7] Das erste Feindbild ›Materialismus‹ ist also mechanisch; und materialistisch denkt Walch zufolge jemand, der annimmt, dass:

- es kein geistiges Prinzip gibt, auf das die Wirklichkeit zurückgeführt werden kann;
- die Materie und ihre Wirkweise Ursache des Lebendigen wie des Nicht-Lebendigen ist;
- sobald die Wirkweise der Materie erkannt, auch die Wirklichkeit erkannt ist.

Jeder Materialismus erhebt den Anspruch, diese Annahmen zu begründen. Es gilt zu klären, was Materie ist, wie sie entsteht, wirkt und erkannt werden kann. Doch mitnichten muss Materialismus mechanisch sein. Auch die materialistischen Philosophien haben in der Geschichte der Philosophie verschiedene Formen angenommen. Friedrich Engels (1820–1895) hob etwa hervor, dass die Pole Materialismus und Idealismus »erst [auf] gestellt werden« konnten, »als die europäische Menschheit aus dem langen Winterschlaf des christlichen Mittelalters erwachte. Die Frage nach der Stellung des Denkens zum Sein (...): Was ist das Ursprüngliche, der Geist oder die Natur? – diese Frage spitzte sich, der Kirche gegenüber, dahin zu: Hat Gott die Welt erschaffen, oder ist die Welt von Ewigkeit da?« Materialismus war in der Geschichte des Denkens immer anwesend, denn »je nachdem diese Frage so oder so beantwortet wurde, spalteten sich die Philosophen in zwei große Lager. Diejenigen, die die Ursprünglichkeit des Geistes gegenüber der Natur behaupteten, also in letzter Instanz eine Weltschöpfung irgendeiner Art an-

---

7 Walch, Johann Georg: Philosophisches Lexicon, Leipzig 1726, Sp. 1735f.

nahmen (…) bildeten das Lager des Idealismus. Die andern, die die Natur als das Ursprüngliche ansahen, gehören zu den verschiednen Schulen des Materialismus.«[8] Auch wenn alle materialistischen Lehren vom Vorrang des Materiellen gegenüber dem Ideellen ausgehen, gab es niemals den einen Materialismus.[9] Vielmehr legen sie auf verschiedene Aspekte des Verhältnisses von Denken und Sein ihre Schwerpunkte. Hierbei gehen sie von abweichenden Annahmen und Problemstellungen aus, um eine materialistische Weltanschauung zu begründen. In der Frühen Neuzeit entstanden verschiedene Ausprägungen materialistischer Philosophien, die bis heute bestehen. Neben zahlreichen anderen üben vor allem mechanische, naturalistische, realistische und dialektische Ansätze immensen Einfluss auf den Fortgang der Geschichte des Denkens und der Praxis. Ihre Begründungen weichen stark voneinander ab und sind verschiedenen Einflüssen ausgesetzt. So steht jeder Materialismus nicht nur in den politischen Kontexten seiner Entstehungszeit, sondern immer auch nahe den Naturwissenschaften. Letztere widmen sich ähnlichen Fragen zur Materiebestimmung, doch untersuchen sie die Materie mithilfe anderer Mittel. Ferner übt das Verhältnis zu den konkurrierenden idealistischen Philosophien, die durchaus materialistische Keime in sich tragen, immensen Einfluss auf die Formierung materialistischer Philosophien. Insofern reicht die Geschichte materialistischer Philosophie bis an den Anfang der Philosophie in Europa zurück.

---

8 Engels, Friedrich: Ludwig Feuerbach und der Ausgang der klassisch deutschen Philosophie, in: Marx-Engels-Werke, Berlin 1956ff., Bd. 21, S. 275 (im folgenden zit.: MEW).

9 »Zu den idealistischen Lehren rechnen wir alle diejenigen Konzeptionen und Philosophien, die als Ausgangspunkt der Erklärung von Geschichte und Erkenntnis das Ideelle nehmen, ganz gleich, wie letzteres insbesondere dechiffriert wird: als Bewußtsein oder Wille, Denken oder Psyche überhaupt, ›Seele‹ oder ›Geist‹, ›Empfindung‹ oder ›schöpferisches Prinzip‹, oder als ›sozial organisierte Erfahrung‹.« Iljenkow, Ewald: Die Dialektik des Ideellen, Münster 1994, S. 154.

2. Materialismus in der Antike – Vorsokratischer Materialismus

Nur in drei Kulturräumen – in China, Indien und Griechenland – gelang zu verschiedenen Zeiten und unter verschiedenen gesellschaftlichen Voraussetzungen die Entwicklung eines eigenständigen philosophischen Denkens. Allmählich konnten totemistische und mythologische Vorstellungen abgestreift werden, was die Geburt der Philosophie im antiken Griechenland begünstigte.

2.1. Die gesellschaftlichen Voraussetzungen der Philosophie in der Antike

Die Ursprünge der griechischen Philosophie liegen in tiefgreifenden gesellschaftlichen Veränderungen, die das antike Griechenland vom 8. Jahrhundert bis zum 5. Jahrhundert v.u.Z. ereilten. Die Basiselemente allen ökonomischen Schaffens bildeten die Kultivierung von Äckern, die Viehzucht und das bronzezeitlich geprägte Handwerk.[10] Die Produktivkräfte reichten kaum über die Selbstversorgung hinaus, sodass der Handel unbedeutend blieb. Einzelne Siedlungen (griech. *poleis*) lebten weitgehend autonom, was durch eine zerklüftete Landschaft begünstigt wurde. Adelige Herren hielten Sklaven und tributpflichtige Bauern zur Feld- und Viehbewirtschaftung. Den Frauen oblag – besonders in Kriegszeiten – die Hauswirtschaft. Darüber hinaus gewährleisteten die Adelsherren – neben der Kult- und Opferpraxis – Schutz vor Invasoren. Ihre Befugnisse waren jedoch nicht nur defensiver Natur, das Erweitern der Siedlungen und die Organisation von Raubzügen lagen ebenfalls in ihren Händen. Diese Sozialstruktur veränderte sich zu-

10 Vgl. Lotze, Detlef: Griechische Geschichte: Von den Anfängen bis zum Hellenismus, München 2014, S. 19f.

sehends, wofür es vielfältige und lokalspezifische Gründe gab: Überbevölkerung, Platzmangel, Verteilungskämpfe um das Grundeigentum, Kriege zwischen den Poleis und Missernten.[11] Große Teile der Oberschicht wanderten deshalb mit ihren Gefolgschaften in die bereits vorhandenen Kolonien aus oder gründeten neue. Die Ausbreitung der griechischen Stämme an den kleinasiatischen Küsten, auf den ägäischen Inseln und Sizilien trieb vor allem den Ausbau des Handwerks voran, da z. B. zunehmend Eisen produziert und verarbeitet wurde. Als Knotenpunkte zwischen verschiedenen Kulturräumen stellten sich die handwerklichen Produktionsstätten der Kolonien allmählich auf den Tauschhandel ein. Gezielte Produktion und gerichteter Tausch von Waren entstanden. Das erforderte und förderte eine enorme Anhäufung von Wissen und begünstigte den Wissensaustausch zwischen den Kulturen. So hatte die ägyptische Mathematik großen Einfluss auf die Herausbildung der griechischen. Umfangreiche Karten für Land- und Seewege über noch unbekannte Gebiete wurden benötigt, etwa um neue Kolonien zu gründen oder Handelswege zu öffnen. Der Handel mit Kulturen aus Asien erforderte die Entwicklung von objektiven Maßstäben, z. B. um das Gewicht von Handelsgütern zu bestimmen. Ferner wurden Münzen eingeführt, die jede Stadt eigens prägen ließ, für deren Wert sie zu bürgen hatte.[12]

Unternehmungslustige Kaufleute, innovative Handwerker und abenteuerdurstige Aristokraten verbanden sich zu einer selbstbewussten Schicht mit eigenen politischen Ambitionen. Sie erwarben ökonomische Macht, die in politische umgemünzt werden wollte. Infolgedessen setzten sich verstärkt Adelsräte oder Tyrannen durch, die die politischen Geschicke der expan-

11 Vgl. ebd., S. 26 f.

12 Vgl. Franke, Peter; Hirmer, Frank: Die griechische Münze, München 1964.

dierenden Gemeinwesen lenken sollten. Die ausschließlich auf Blutsverwandtschaft basierende Gentilverfassung und der Stammesstaat verschwanden sukzessive, jedoch ohne dass der Grundbesitz abgeschafft wurde.[13] Die Möglichkeiten der politischen Teilhabe und der Erhalt von Privilegien bemaßen sich von nun an vornehmlich an der Höhe des jeweiligen Vermögens und der ökonomischen Potenz.

Die sozialen Ungleichverteilungen nahmen zu. Sehr großer Reichtum auf der einen Seite, wachsende Armut auf der anderen wurden zu Belastungsproben für das Gemeinwesen. Die Ungleichheit wurde zur Grundlage einer Rechtsentwicklung, die allgemeingültige Regeln für Eigentum und Erwerbstätigkeit fixierte. War in der Gentilverfassung spontanes oder lokal begrenztes Gewohnheitsrecht bestimmend, so entstand nun eine alle Polisbürger umfassende Rechtsordnung. Die Verteilungsgerechtigkeit (griech. *dike*) sicherte jedem, gemäß seinem Platz in der Klassenhierarchie, einen gewissen Schutz vor den Risiken des alltäglichen Lebens. Verlor ein Händler seine Schiffe aufgrund eines Unglücks auf hoher See, so konnte die Polis für den Schaden in Form von Krediten aufkommen. Das allgemeine Recht entstand und lieferte starke Impulse für die Herausbildung der Philosophie. Die Rechtsordnung bot einen Rahmen, in dem Streit geordnet wurde. Grundregeln des Argumentierens, wie die Geltung der besseren Argumente und das Aushandeln von Widersprüchen, wurden so zu einer Bildungsgrundlage des Denkens.[14] Die erste bekannte Athener Rechtsordnung geht auf den Tyrannen Drakon (um 621 v. u. Z.) zurück. Zwei Neuerungen sind durch Quellen überliefert: 1. über die Berechtigung der bis dahin gängigen Selbsthilfe entschieden nun Gerichte; 2. die

13 Vgl. Meyer, Eduard: Geschichte des Altertums Bd. 3, Darmstadt 1965, S. 589 ff.

14 Vgl. Holz, Hans Heinz: Dialektik. Problemgeschichte von der Antike bis zur Gegenwart, Bd. 1, Darmstadt 2011, S. 91 ff.

Unterscheidung zwischen vorsätzlichem Mord, unbeabsichtigtem Totschlag und straffreier Tötung wurde eingeführt.[15]

Mit der Ausbildung des Rechts, der Warenproduktion und des Fernhandels wurde das Wissen entmythologisiert, da nun die selbstgegebene Rechtsordnung, die Erklärung von Naturereignissen und der ökonomisch fundierte Zweckrationalismus das griechische Selbstverständnis der herrschenden und aufsteigenden Klassen prägten. Es ist daher kein Zufall, dass im 6. Jahrhundert v. u. Z. philosophisches Denken zuerst in Milet – einem der florierendsten Gemeinwesen an der kleinasiatischen Küste, von dem ca. 80 weitere Kolonien ausgingen – seinen Anfang nahm. Der Mythos hatte zwar weiterhin Bestand, indem er in den alltäglichen und wissenschaftlichen Denkweisen anwesend blieb, aber im antiken Griechenland gab es kein festes Lehrgebäude oder ein umspannendes Institutionengefüge, das er diesem Prozess hätte entgegensetzen können. Mithin setzte in der Literatur nach Homer (etwa 8./7. Jahrhundert v. u. Z.) eine Mythenkritik ein, für die Aristophanes' beißend spöttische Komödien (etwa 5. Jahrhundert v. u. Z.) ein herausragendes Beispiel abgeben. In der Komödie *Ritter* empfiehlt ein Sklave, zu einem Abbild der Götter zu beten, worauf ihm entgegnet wird: »Wie, im Ernst, du glaubst an Götter? […] Hast Du Beweise, Gründe?« Die Antwort entlarvt den eigentlichen Charakter antiker Gottgläubigkeit: »Weil mich die Götter hassen mehr als billig.«[16]

2.2. Die Vorsokratik – Rezeptionsbedingungen heute

Als Vorsokratiker werden diejenigen Philosophen bezeichnet, die in den 200 Jahren vor Sokrates (um 470–399 v. u. Z.) gelebt und gewirkt haben. Sie entstammten meist den Adels-

15 Vgl. Gehrke, Hans-Joachim; Schneider, Helmut (Hgg.): Geschichte der Antike. Ein Studienbuch, Stuttgart/Weimar 2000, S. 66 f.

16 Aristophanes: Die Ritter, in: Komödien, Bd. 1, München 1962, S. 32-34.

geschlechtern und der herrschenden Klasse. Unter ihnen finden sich u. a. Kolonisten, Naturforscher oder Tyrannen, deren neue Tätigkeitsfelder neue Denkweisen hervorbrachten. Auch wenn es noch keine wissenschaftlichen Disziplinen, etwa Biologie, Physik, Geschichtswissenschaft oder Philosophie, gegeben hat, wurden doch die Grundlagen hierfür in dieser Zeit gelegt.[17]

Die Rezeption der vorsokratischen Quellen ist durch Zusammenfassungen, Polemiken, Übersetzungen und Kommentare späterer Autoren wie Herausgeber getrübt. Als Hauptquellen gelten vor allem Aristoteles (384–322 v. u. Z.) und Diogenes Laertios (3. Jahrhundert v. u. Z.). Beide interpretieren die Vorsokratiker vor allem aus ihrer Perspektive.

Die von den Vorsokratikern überlieferten Fragmente und Berichte sind hauptsächlich naturtheoretisch orientiert; ihre philosophische Leistung wird gewöhnlich in der Bestimmung einer materiellen Ursubstanz, welche die Welt hervorbrachte, gesehen. Diese vereinfachende Sicht ist in zweierlei Hinsicht problematisch. Einmal setzt sie voraus, die Vorsokratiker hätten über ein ausgefeiltes Konzept von Materie verfügt, das die Entstehung, das Vergehen und das Begreifen der Welt und ihrer Vielfalt beinhalten würde. Zweitens wird vorausgesetzt, sie seien methodisch gleich vorgegangen. Aus ihrer alltäglichen Umwelt hätten sie ein Element (Wasser, Luft, Feuer) auserkoren, das die Welt aus sich gebar. Aristoteles berichtet: »Die Mehrzahl der ersten Philosophen war der Meinung, daß allein die Prinzipien in der Natur des Stoffes die Prinzipien aller Dinge seien. Das nämlich, woraus alles Seiende ist und woraus als dem Ersten es

17 Keine ihrer Schriften ist uns vollständig erhalten geblieben. Die Fragmente der Vorsokratiker wurden zu Beginn des 20. Jahrhunderts in verschiedenen Quellensammlungen zusammengefasst und übersetzt. Von diesen wird die von Hermann Diels (1848–1922) und Walther Kranz (1884–1960) bis heute primär genutzt. Ihre editorische Arbeit ist Grundlage aller aktuellen Sammlungen. Vgl. Kranz, Walther (Hg.): Die Fragmente der Vorsokratiker. Griechisch und Deutsch von Hermann Diels, Hildesheim 2004 f. (im folgenden zit. DK).

entsteht und worin es letztlich wieder untergeht. (...) Immer nämlich gebe es eine Natur (...) als eine woraus das andere entsteht, während diese jedoch erhalten bleibt. Freilich, was die Menge und die Form eines derartigen Prinzips betrifft, sind sich durchaus nicht alle einig. Aber Thales, der Urheber dieser Art Philosophie, sagt, das Wasser sei dieses Prinzip.«[18] Diese Sicht hat die Philosophiegeschichtsschreibung maßgeblich geprägt, ist aber eine nachträgliche Interpretation durch Aristoteles. Die Milesier kannten seinen philosophischen Begriff vom Urgrund (griech. *arché*) nicht. Diese Bedeutung bildete sich, so wie eine Reihe anderer Begriffe, erst über mehrere Generationen hinweg.

2.3. Die milesischen Naturphilosophen – Thales, Anaximander, Anaximenes

Die Pioniere der Philosophie und jedes Materialismus sind die milesischen Naturphilosophen Thales, Anaximander und Anaximenes. Von Thales (um 624–547 v.u.Z.) kennen wir nur Berichte seiner naturtheoretischen Erklärungen.[19] So wird berichtet, dass er die jährliche Überschwemmung des Nildeltas auf die zeitgleich stattfindenden sogenannten etesischen Winde zurückführte, die das herausströmende Wasser blockierten, da sie landeinwärts wehten[20], und Erdbeben brechen nach Thales aus, weil die Erde wie ein Schiff auf Wasser schwebe und schwanke.[21] Entscheidend ist jedoch, dass er keine mythologische Erklärung heranzieht, sondern um innerweltliches Denken bemüht ist. Phänomene der Natur werden als Naturphänomene

18 Met. 983 B6, In: Metaphysik. Schriften zur Ersten Philosophie, übers. und hg. von Franz Schwarz, Stuttgart 1984.

19 Vgl. Kirk, Geoffrey; Raven, Kirk: The Presocratic Philosophers: A Critical History with a Selection of Texts, Cambridge 1962, S. 89.

20 Vgl. DK 11 A 16.

21 Vgl. DK 11 A 12.

behandelt. Thales kann daher durchaus als ein erster Vertreter des Materialismus gelten.[22]

Die Geschichte des philosophischen Materialismus beginnt indes mit Anaximander (um 610–546 v. u. Z.), der Thales wohl kannte. Als Expeditionist soll er weit gereist sein und als erster eine umfassende Weltkarte und einen ganzheitlichen Himmelsglobus entworfen haben.[23] Der Entwurf zeigt ein Problem an. Im mythischen Weltbild waren Erde, Meer, Himmel und Unterwelt nicht Teile einer Welt oder einer Natur, sondern streng voneinander getrennt. Dieser Vorstellung widersprachen die neuen Erfahrungen, wie sie etwa bei der Seefahrt gemacht werden konnten, die ihre Navigation an den Himmelsgestirnen orientierte. Jede neugegründete Kolonie erweiterte die bekannten Grenzen der Welt und des Wissens. So wirft die bekannte Welt auch immer die Frage nach ihrem Jenseits auf. Dies erforderte das Postulat eines Zusammenhangs zwischen den Sphären. Für Anaximander wird dieser Zusammenhang durch das *Apeiron* (dt. das Unendliche, das Unbegrenzte) gestiftet: »Prinzip und Element der seienden Dinge sei das Unbegenzte […] Dieses sei […] unbegrenzte Natur, aus der alle Himmel und die darin befindliche Ordnung entstünden. Das Vergehen der seienden Dinge erfolge in die Elemente, aus denen sie entstanden seien, gemäß der Notwendigkeit: Denn sie zahlten einander Strafe und Buße für ihre Ungerechtigkeit nach der Ordnung der Zeit.«[24] Das Apeiron sei ein unendlicher Raum, ähnlich einem geometrischen Koordinatensystem, in dem sich viele Welten befinden.[25] Als ein Unbegrenztes sei das Apeiron jedoch nichts

---

22 Vgl. Holz, Hans Heinz: Problemgeschichte der Dialektik, Bd. 1, a. a. O., S. 177 ff.

23 Vgl. DK 12 A 6.

24 DK 12 A 9.

25 Vgl. Holz, Hans Heinz: Problemgeschichte der Dialektik, Bd. 1, a. a. O., S. 183.

Sichtbares. Dennoch sei es *materiell*, da es die Welt zusammenhalte und gleichzeitig Grund aller gesetzmäßigen Entwicklung in ihr sei.

Es ist Anaximenes (um 585–528 v. u. Z.), der den zurückbleibenden Widerspruch hierin bemerkt. Wie kann es sein, fragt er, dass das Apeiron nicht sichtbar, aber doch materiell sei? Wie funktioniert das Entstehen und Vergehen der Dinge und Welten im Apeiron? Anaximenes behilft sich, indem er es verstofflicht, als Luft sich vorstellt und so in die Wahrnehmungswelt zurückholt. Die Luft ist in reiner Form nicht sichtbar, aber doch materiell. Ihre quantitative Veränderung sei verantwortlich für die Bewegung in der Welt: »Wenn die Luft nämlich dichter oder dünner werde, nehme sie eine verschiedene Gestalt an; denn wenn sie sich ins Dünnere auflöse, entstehe Feuer, Winde hingegen seien verdichtete Luft, aus der Luft bildeten sich ferner durch Verdichtung Wolken, bei weiterer Verdichtung Wasser, durch noch weitere Verfestigung Erde und bei höchstmöglicher Verdichtung Steine.«[26] Die qualitativ unterschiedlichen Dinge seien also in der Wirklichkeit durch einen quantitativen Prozess entstanden. Diese Prozessstruktur sei wiederum selbst Eigenschaft des Ursprungs, der Luft.[27]

2.4. Sinnlichkeit und Denken – Heraklit und Parmenides

Wir sehen nicht direkt, warum die Jahreszeiten wechseln oder die Flüsse über die Ufer treten. Die Phänomene zeigen sich uns nicht so, wie es sich mit ihnen an sich verhält. Das wussten bereits die Milesier. Deshalb haben sie versucht, die einzelnen Phänomene als Ausdruck eines allgemeinen Vorgangs zu begreifen, etwa wenn sie wie Anaximenes das Wetter auf die Dichte von Luft zurückführten. Dennoch glaubten sie, sich noch un-

---

26 DK 13 A 5.

27 Vgl. Holz, Hans Heinz: Problemgeschichte der Dialektik, Bd. 1, a. a. O., S. 194 f.

vermittelt auf die Wirklichkeit beziehen zu können, indem sie von ihren Beobachtungen abstrahierten, wobei ihnen nicht klar wurde, dass der Erkenntnisprozess auch von ihnen als Beobachtern abhing. Das änderte sich mit den Vorsokratikern Heraklit (um 520–460 v. u. Z.) und Parmenides (um 515–455 v. u. Z.). Von beiden wurde die Erkenntnis einer Prüfung unterzogen. Verbürgen unsere Sinne oder unser Denken die Wahrheit? Was unterscheidet die Meinung von der Wahrheit?

Für Heraklit ist die Wirklichkeit vor allem eine dynamische und in Gegensätzen strukturierte: »Zusammensetzungen: Ganzes und Nichtganzes, Zusammentretendes, Auseinandertretendes, Übereinstimmendes, Dissonantes; aus allem eins und aus einem alles.«[28] Das zeige schließlich die sinnliche Erfahrung, und so gibt er den »Dingen, die zu sehen, zu hören, zu erfahren sind, (...) den Vorzug.«[29] Grundlage allen Wissens ist für ihn die sinnliche Erfahrung, denn wir nehmen wahr, wie die Dinge entstehen und vergehen. Das Feuer sei Sinnbild für die Ambivalenz der Wirklichkeit: Die Flamme erhält sich, indem sie sich permanent selbst verschlingt.[30] Neu hingegen ist die Einführung des Logos, der zwei Bedeutungsebenen umfasst.[31] Das Erkennen der Wirklichkeit sei Leistung des Logos, der subjektiv das Sprechen und Rechnen im weitesten Sinne (und davon abgeleitet auch: die Vernunft) meint. Als objektiv bezeichnet Logos bei Heraklit die dynamische Prozessstruktur der Welt.

Ganz anders setzt Parmenides an, wenn er warnt: »[Es] soll dich nicht die viel erfahrene Gewohnheit zwingen, ein blickloses Auge und ein dröhnendes Gehör und die Zunge auf diesem Weg walten zu lassen, sondern entscheide dich für den in

28 DK 22 B 10.

29 DK 22 B 55.

30 Vgl. DK 22 B 30/90.

31 Vgl. DK 22 B 113/114.

meinen Worten enthaltenen viel umstrittenen Beweis.«[32] Die sinnliche Welt mit ihren permanenten Veränderungen ist für ihn Schein. Denn wie kann eine sich stetig verändernde Wirklichkeit Wahrheit beanspruchen? Eine Erkenntnis, die heute gilt, kann morgen schon korrigiert werden. Parmenides, der die unerschütterliche, unbedingte Wahrheit sucht, erkennt sie im Sein selbst: »Da es ungeboren ist, ist es auch unzerstörbar, ganz, einzig, unbewegt und nicht unvollendet; weder war es jemals, noch wird es einmal sein, da es jetzt zugleich ganz ist, eines, zusammenhängend. Denn welchen Ursprung könntest du dafür suchen? Wie, woher wäre es gewachsen?«[33] Die Welt sei also in Wahrheit unbewegt. In jeder unserer Aussagen über sie setzen wir voraus, dass sie *ist*, »denn dasselbe ist, zu denken und zu sein.«[34]

Nun steckt die Philosophie in einem Teufelskreis. Beide Vorschläge scheinen unvereinbar und haben doch jeweils ihre Vorzüge. Dass sich alles stets verändert, bemerken wir im Alltag. Um unsere Umgebung überhaupt erkennen zu können, sind wir dazu gezwungen, sie bis zu einem bestimmten Grad als unveränderlich anzunehmen. Damit stoßen zwei Grundkonzepte von Wirklichkeit und Erkenntnis aufeinander. Entweder verändert sich die Wirklichkeit ständig – oder sie steht still. Heraklit vertraut auf die Sinnlichkeit und ihre theoretische Abbildung. Parmenides baut auf den Verstand und seine Schlüssigkeit.

2.5. Atomismus – Leukipp, Demokrit, Epikur, Lukrez

Diese Kontroverse ist zugleich die Geburtsstunde der ersten systematischen materialistischen Philosophie – des Atomismus. Der Atomismus geht auf Leukipp und seinen Schüler Demo-

32 DK 28 B 7.

33 DK 28 B 8.

34 DK 22 B 3.

krit (um 460–371 v. u. Z.) aus Abdera zurück. Über Leben und Werk des Leukipp ist kaum etwas bekannt, über dasjenige Demokrits dafür umso mehr. Ein Katalog seiner Schriften ist erhalten geblieben. Dieser enthält mehrere dutzend Abhandlungen über Ethik, Naturphilosophie, Technik, Kosmologie, Mathematik, Musik u. a. Aus einer sehr wohlhabenden Familie stammend, soll er sein enzyklopädisches Wissen auf ausgedehnten Reisen durch die Mittelmeerwelt erworben haben.

Im Atomismus werden Ruhe und Bewegung der Wirklichkeit nicht mehr alternativ gedacht. Beides wird in einen gesetzmäßigen Zusammenhang gebracht und in einem schlüssigen Modell dargestellt. Die Wirklichkeit erscheint hier schon immer als wohl geordnete, denn »kein Ding entsteht aufs Geratewohl, sondern alles aus einem erklärbaren Grund und infolge eines Zwanges.«[35] War bisher ein allgemeines Prinzip oder sinnliches Substrat Grund für die Einzelphänomene, so möchte Demokrit den Naturforscher zur genauen Ursachenforschung der Phänomene animieren. Diese Annahme von Kausalzusammenhängen setzt jedoch voraus, dass die Einzeldinge Elemente einer beständigen und zugleich bewegten materiellen Einheit sind. Diese Ordnung stifte die Bewegung der kleinsten Bestandteile der Wirklichkeit: der Atome (griech. *á-tomos*, dt. *unteilbar*). Demokrit spricht ihnen drei Eigenschaften zu:

- Sie sind nicht sichtbar.
- Sie sind nicht veränderbar.
- Sie unterscheiden sich durch Form und Größe.

Die Atome, unendlich in ihrer Anzahl, fallen Demokrit zufolge durch den unendlich großen, leeren Raum, der wie ein Medium fungiert, in dem sich die Atome bewegen. Hierin fallen sie in unterschiedlichem Tempo und stoßen aufeinander. Das Gerangel der Atome sei der Grund für die Entstehung der Din-

35 DK 67 B 2.

ge: »Wenn sie sich einander näherten, wenn sie zusammenstießen oder sich miteinander verflöchten, erschienen von diesen Verbindungen die eine als Wasser, die andere als Feuer, die andere als Pflanze, die andere wiederum als Mensch.«[36] Die Dinge selber seien also in Wahrheit Atomgefüge, die durch Anzahl, Größe und Lage der Atome im Raum bestimmt werden. Durch die Atome und ihre Bewegung ergäben sich außerdem unendlich viele Kombinations- und Entwicklungsmöglichkeiten.

Die Wirkungskraft des Atomismus ist gewaltig. Bis in die Frühe Neuzeit hinein ist jeder Materialismus ein Atomismus.[37] Da dieses neue Modell erstmals Prinzipien wissenschaftlicher Forschung aufstellt und damit fundamental Einfluss auf materialistische Denkweisen und Naturwissenschaften ausübt, wirkt es noch heute nach[38]:

- Die qualitativ verschiedenen Dinge seien aufgrund ihrer gleichbleibenden materiellen Basis miteinander vergleichbar und quantitativ darstellbar.
- Die Welt wird als Ganze, aber auch in Teilabschnitten, zum Objekt naturwissenschaftlicher Forschung.
- Die Vielfalt der Wirklichkeit könne aus wenigen rationalen Voraussetzungen hergeleitet werden.
- Die rationalen Annahmen benötigen eine praktisch-experimentelle Bestätigung.

Der Atomismus Demokrits vereint noch Naturwissenschaft und Materialismus, beides sollte sich erst im weiteren Verlauf der Geschichte voneinander trennen.

Der atomistische Materialismus fand zur Zeit seiner Entstehung kaum Anhänger, da er die Wirklichkeit vereinfachte

36 DK 68 A 57.

37 Vgl. Laßwitz, Kurd: Geschichte der Atomistik vom Mittelalter bis Newton. 2 Bde., Hamburg/Leipzig 1890, Darmstadt: Wissenschaftliche Buchgesellschaft 1963 (Neudruck).

38 Vgl. Wahsner, Renate: Atomismus, in: Sandkühler, Hans-Jörg (Hg.): Enzyklopädie Philosophie, Hamburg 2010, Sp. 173.

und daher als naiv galt. Belebt wurde die atomistische Lehre erst während der hellenistischen Phase durch Epikur (um 341–270 v. u. Z.), dessen Ideen wir vor allem durch den Dichter Lukrez (um 99–55 v. u. Z.) kennen, der den Atomismus in seiner Schrift *Über die Dinge der Natur* poetisch darlegte.

In der hellenistischen Phase Griechenlands (um 300–30 v. u. Z.) institutionalisierte sich die Philosophie in zunehmendem Maße. Während die sogenannten Sophisten (etwa 480–350 v. u. Z.) ihr Wissen und ihre Redegewandtheit als käufliche Dienstleistungen den Polis-Bürgern anboten und so zur weiteren Entmythologisierung und Popularisierung der Philosophie beitrugen, gründete Platon (um 428–348 v. u. Z.) die erste Akademie. Ursprünglich als Institution für die Beeinflussung der Politik gedacht, schwand nach politischen Misserfolgen Platons der Einfluss der Philosophie in der Gesellschaft, da sie sich zusehends der politischen Sphäre entzog. Epikur folgte nur noch dem Trend der Institutionalisierung, als er 306 v. u. Z. ein Grundstück in Athen kaufte, das als sein Garten bekannt wurde. Der Zutritt war nicht beschnitten, sodass viele Menschen dort leben und Vorlesungen beiwohnen konnten. Der Zweck des Lebens realisiere sich im Garten Epikurs in einer Lebensweise des maßvollen Glücks und der vernünftigen Lust: »Denn nicht Trinkgelage und aneinandergereihte Umzüge, auch nicht das Genießen von Knaben und Frauen, von Fischen und allem übrigen, was eine aufwendige Tafel bietet, erzeugen das lustvolle Leben, sondern ein nüchterner Verstand, der die Gründe für jedes Wählen und Meiden aufspürt und die bloßen Vermutungen vertreibt, von denen aus die häufigste Erschütterung auf die Seelen übergreift.«[39] Die Philosophie soll nach Epikur dem Seelenheil dienen – und nicht etwa politischen Ambitionen.

39 Epikur: Brief an Menoikus, in: Höffe, Ottfried (Hg.): Lesebuch zur Ethik: Philosophische Texte von der Antike bis zur Gegenwart, München 1999, S. 107.

Demokrits Atomismus gab hierfür den angemessenen weltanschaulichen Hintergrund: Wenn die Welt streng gesetzmäßig bestimmt ist, dann kann der Einzelne nur einen geringen Einfluss auf sie ausüben. Das Individuum solle seine privaten Möglichkeiten auf der Suche nach dem Glück realistisch ausloten. Denken und Wahrnehmung sollen hierfür nicht im Widerspruch stehen.

Auch wenn die Naturphilosophie seinen ethischen Vorstellungen untergeordnet ist, dynamisierte Epikur die demokritische Atomlehre geringfügig. Er fügte den Atomen eine weitere Eigenschaft hinzu. Bei Demokrit war der Bewegungsverlauf der Atome unklar geblieben, da sie im leeren Raum einfach nur senkrecht fielen. Dass etwa Steine im Wasser versinken, während Blätter auf der Oberfläche schwimmen, war so nicht zu erklären. Was aber lässt die Atome fallen, und wie sollen sie zusammenkommen? Nach Epikur kann dies nur erklärt werden, wenn man den Atomen eine Schwere zuschreibt. Diese erzeuge einen krummen Bewegungsverlauf und beeinflusse die Kraft, mit der die Atome aufeinanderstoßen. Die beim Zusammenstoß entstehende Vibration bedinge die Verflechtung der Atome zu einem Ding mit besonderem Gewicht.[40]

Der Atomismus begründet die Bewegung der Welt quantitativ und mechanisch, indem er sie auf die Bewegung von unveränderlichen Atomen zurückführt. Dabei entfaltet er ein erstes streng methodisches Vorgehen. Doch das Erklärungsmuster hat eine begrenzte Reichweite, denn die Frage entsteht, wie der Atomismus auf die Betrachtung komplexer Phänomene im Alltag bezogen werden kann. Dass etwa – um einen Ausspruch von Aristoteles zu verwenden – Menschen nur Menschen erzeugen,[41] kann mithilfe des Atomismus nicht ohne weiteres erklärt werden.

---

40 Vgl. Hossenfelder, Malte: Epikur, München 2006, S. 126.

41 Vgl. Met. 1070b.

2.6. Die Geburt der Materie – Aristoteles

Bisher wurden die Worte Materie und Stoff (griech. *hyle*) weitgehend vermieden, da sie erst mit Aristoteles (384–322 v. u. Z.) eine philosophische Bedeutung erhielten. Noch bei Platon steht das Wort hyle für Bauholz. Cicero (106–43 v. u. Z.) überträgt dann die aristotelische Bedeutung von hyle ins Lateinische mit *materia*, das dem Wort mater (dt. *Mutter*) entlehnt ist. Noch heute wird Bauholz im Spanischen mit *madera* übersetzt.

Für Aristoteles stellt sich die Frage, was Materie sei, nur vermittels des Sinnlich-Greifbaren (griech. *tode ti*). Dieses sei immer eine Mischung aus Materie und Form (griech. *eidos*). Die Materie begreift er dabei als Schöpferin des Seins, da sie Potenz (griech. *dynamis*) sei.[42] Sie ist für ihn einerseits das, was selbst ungeworden, also schon vorhanden ist und deshalb ungetrübtes, wahres Wissen repräsentiere. Zum anderen verallgemeinert er die Auffassung, dass Materie nur ein Baustoff sein könne, weil sie bearbeitet, verändert oder verformt werden kann. Die Form bezeichnet für Aristoteles den jeweils aktuellen Zustand des Greifbaren, der durch den Begriff angegeben werden kann, während die Materie die beständige Grundlage bildet, woraus oder worin die Form besteht bzw. sich entwickelt. Aristoteles gibt hierfür das Beispiel der erzenen Kugel. Ihre Form sei der Begriff der Kugel, eine bestimmte Flächenform eines Körpers. Ihre Materie sei das Erz, aus dem die Kugel bestehe.[43] Das Erz ermögliche die Form der Kugel und habe in der Kugel ihre Verwirklichung gefunden, die als Ziel schon angelegt war. Die Aufgabe des Naturforschers ist für Aristoteles daher immer, die jeweilige Form und die jeweilige Materie zu finden. Die fünf Elemente – Erde, Luft, Wasser, Feuer und Äther (für den

---

42 Vgl. Met. 1033a 5.

43 Vgl. Met. 1033b 8 ff.

Himmel) – gelten ihm dabei als die ursprünglichen Körperformen, die wie die Atome nicht weiter zerlegbar sind. Die konkreten Formen ergeben sich nun aus den Gegensätzen schwer-leicht und feucht-trocken und dem jeweiligen Anteil der Elemente.[44]

Doch Aristoteles belässt es nicht dabei, die Struktur und den Entwicklungsverlauf der Dinge festzustellen, er fragt auch nach dem Ursprung aller Dinge und ihrer Entwicklung. Dieser ist nach Aristoteles in der ersten Materie zu suchen. Sie bringe die Dinge hervor und bestimme ihre Bewegung; sie sei nicht sichtbar und könne auch nicht verändert werden, da sie weder Größe noch Schwere besitze.[45] Die erste Materie bildet hier eine quasi-theologische Instanz. Für Aristoteles ist der Grund der Bewegung der *unbewegte Beweger*, ein göttliches Prinzip, das von den sinnlichen Dingen abgetrennt und deshalb in der ersten Materie gegenwärtig ist. Dieses Prinzip hat zwei Bedeutungen, die Aristoteles nur anschneidet. Es spendet einmal Form, zum anderen ist es Denken des Denkens (griech. *noesis noeseos*), da es wie die erste Materie nur dem Denken zugänglich ist. Diese Prinzipienstruktur zu erkennen, sei Aufgabe der ersten Philosophie, der Metaphysik.[46]

Die zurückgelassene Mehrdeutigkeit des Ursprungsprinzips erlangt für die mittelalterliche Philosophie immense Bedeutung. Hat ein von der Welt abgetrennter Gott die sich bewegende Wirklichkeit wirklich geschaffen? Wenn der erste Beweger nicht Teil dieser Welt ist, wie ist er dann beschaffen? Oder ist diese Konstruktion nur eine Hilfestellung des Denkens, um die Welt in ihrer Ganzheit zu begreifen?

44 Vgl. Gen. et corr. 327b ff.; Phys. 193a.

45 Vgl. Phys. 1049a.

46 Vgl. ebd., 1072b ff.

3. Materialismus im Mittelalter – Realismus und Nominalismus

Das europäische Mittelalter erscheint häufig als eine Zeit stabiler Verhältnisse und statischer Weltbilder, als eine Epoche festgefügter Stände, in denen das Geburtsrecht den Platz anwies, den ein Individuum in der Gesellschaft auszufüllen hatte. Die Wirklichkeit des Mittelalters begegnet einem in der Geschichtsschreibung mitunter als eine, die ausschließlich in jene weltanschaulichen Sphären eingeteilt blieb, die das Christentum und die weltliche Herrschaft vorgaben, wobei durch die Institutionen keine Abweichungen geduldet wurden. Die Rechtsstrukturen des Mittelalters legen eine solche Sicht nahe, da z. B. der Kodex des kanonischen Rechts mit dem *Privilegium fori* (dt. Privileg des Gerichtsstandes) der Kirche und ihrem Klerus eine eigene, unabhängige Gerichtsbarkeit zugestand.[47] Diese Annahme hat jedoch ihre Tücken. Sie reproduziert nur das Bild einer Wirklichkeit, wie es sich die ideologischen Stände jener Zeit zeichneten, namentlich die Theologen. Doch Norm und Realität stimmten selten überein. Gesellschaftliche Strukturen konsolidierten sich erst im Laufe vieler Jahrhunderte und waren immerzu in Frage gestellt.

3.1. Die gesellschaftlichen Bedingungen der Philosophie im Mittelalter

Den Nährboden der gesellschaftlichen Entwicklung bot die Spätantike. Mit der staatlichen Teilung, die aufgrund militärischer Erfordernisse das Römische Reich im Jahr 395 in eine östliche und eine westliche Hälfte spaltete, zerbrach die Einheit der römisch dominierten Mittelmeerwelt. Der Osten mit

47 Vgl. Boockmann, Helmut: Einführung in die Geschichte des Mittelalters, München 1992, S. 50.

Konstantinopel als Zentrum blieb die folgenden Jahrhunderte relativ intakt. Der Westen wurde hingegen im Laufe des 5. Jahrhunderts durch den Einmarsch von Stämmen der Germanen, Langobarden und Hunnen zusehends in seiner wirtschaftlichen, politischen und territorialen Integrität bedroht. Der weströmische Staat bestand zwar noch nominell, konnte sich aber immer weniger effektiv, etwa bei Steuereintreibungen, durchsetzen. Auch interne Macht- und Ränkespiele trugen zur weiteren Zersplitterung bei, sodass das weströmische Kaisertum 476/480 sein Ende fand. Auf den Trümmern des weströmischen Staats erhoben sich verschiedene germanisch-romanische Königreiche (u. a. Goten, Franken, Vandalen, Burgunder, Langobarden).

Die Städte der Spätantike boten nach dem Zerfall des weströmischen Staats immer weniger militärischen Schutz und verloren für ihre Bewohner zunehmend an Attraktivität. Lokaler Grundbesitz wurde häufiger und verband sich mit rechtlich-politischen Verfügungsgewalten. Rechtsprechung, Verteidigung und Steuerkonfiszierung fielen mächtigen lokalen Akteuren zu, die sich aus dem Militär, dem Klerus oder den Senatoren rekrutieren konnten.[48] Die Landwirtschaft, insbesondere Ackerbau und Viehzucht, gewann an Bedeutung. Der Boden wurde kurzzeitig und intensiv genutzt, wobei für die Ausweitung der Anbauflächen große Teile der dichten Wälder Europas gerodet wurden. Verheerende Hungersnöte waren jedoch bis ins 11. Jahrhundert keine Seltenheit, da der Ertrag mäßig blieb. Um sich diesen landwirtschaftlichen Erfordernissen zu widmen, entzogen sich viele bis dahin freie Bauern ihren politisch-rechtlichen und militärischen Pflichten und unterstellten sich freiwillig mit ihrem Boden einem mächtigeren Freien oder der Kirche, die durch solche ökonomischen Privilegien zu bedeutenden und mächtigen Akteuren aufstiegen. Die nunmehr unfreien Bauern

48 Vgl. Demandt, Alexander: Die Spätantike. Römische Geschichte von Diocletian bis Justinian 284–565 n. Chr., München 2007, S. 400.

erhielten ihren Besitz zur Bearbeitung zurück, mussten aber für militärische Sicherheit und Rechtspflege sowie für den Unterhalt der weltlichen und geistlichen Grundherren Abgaben und Dienste leisten, was der Trennung zwischen Kopf- und Handarbeit Vorschub leistete. Bis zum 11. Jahrhundert hatte sich dieses Feudalverhältnis, die Grundherrschaft, als Grundpfeiler der Gesellschaftsstruktur verfestigt.[49]

Überwiegend hielt das feudale Ausbeutungsverhältnis die Menschen im Griff. Vereinzelte Versuche, es zu durchbrechen, verliefen stets konfliktreich. Floh ein Bauer vor seinem Grundherrn in die Stadt, konnte ihn die Stadtluft »frei machen«, wenn er innerhalb eines Jahres von diesem unentdeckt blieb und sich in die Stadtgesellschaft einfügte, etwa indem er sich an der Nahrungsproduktion beteiligte. Die Stadt endete nicht an ihrer Mauer, sondern an den zu ihr gehörenden Feldern. Die Grundherren reagierten auf solche Entwicklungen, indem sie die Bauern ihre Ländereien pachten ließen. Das Pachtverhältnis war vererbbar, sodass die Bauern langfristige Sicherheiten erhielten, während die Grundherren auf permanente Einnahmen hoffen konnten.[50] Die Stadt bot also einige Vorteile für die Landbevölkerung, auch wenn die Lebensbedingungen dort härter waren. Die Stadtbewohner waren rechtlich miteinander gleichgestellt, was jedoch die politischen und wirtschaftlichen Ungleichheiten nicht aufhob.

Der Vorrang des Glaubens gegenüber dem Wissen | Philosophie blieb die gesamte Antike hindurch ein Privileg hochgebildeter Minderheiten. Daran sollte das Mittelalter nichts ändern, doch ihr gesellschaftlicher Einfluss erweiterte sich im Mittelalter indirekt durch ihre Bindung an die christliche Theologie und

49 Vgl. Bloch, Marc: Die Feudalgesellschaft, Stuttgart 1999.

50 Vgl. Boockmann, Helmut: Einführung in die Geschichte des Mittelalters, a. a. O., S. 48.

ihre Verankerung im Klerus. Die christliche Kirche überstand nicht nur als Institution das Ende der Antike, sondern sanktionierte und förderte die neu entstehende Feudalordnung, indem sie ihr – neben ihrer weltlichen Macht als bedeutende Grundherrin – weltanschauliche Festigkeit verlieh. Der Zerfall der römischen Welt begünstigte nämlich eine Lebensansicht, die sich aus verschiedenen mythischen, religiösen oder philosophischen Quellen speisen konnte, wofür die antiken Mythen, Religionen und Philosophien keine umfassende ideelle Selbstverständigung mehr hergaben. Gerade im Westen Europas wurde in den unsicheren Zeiten die Ansicht populär, dass nur im Jenseits ein geglücktes, selbstbestimmtes Leben möglich sei, was in der zerrütteten Welt Trost spenden konnte.[51]

Diese Situation war ein hervorragender Nährboden für das Christentum. Es entstand als ein weltanschauliches Angebot im Windschatten des Judentums. Die Urchristen organisierten sich noch nicht als Kirche, sondern als Gemeinschaft, die sich durch eine besonders strenge monotheistische Gottesvorstellung und feste Bezugspunkte wie das kanonisierte Alte Testament auszeichnete. Das Christentum nahm zahlreiche Einflüsse auf, etwa die lokalen Bräuche oder mythologischen Volkserzählungen. Über die Infrastruktur des Römischen Reichs und die jüdischen Diasporagemeinden verbreitete sich das Evangelium durch Laien. Bis zur Vereinbarung von Mailand (313), die die Ausübung des Christentums legalisierte, wurden Christen streng verfolgt. Nachdem in einzelnen Gebieten Europas das Christentum sogar zur führenden Religion wurde (z. B. 331 im heutigen Georgien), erhob das Dreikaiseredikt *Cunctos populos* von 380 das Christentum in den Rang einer Staatsreligion.

Begünstigt durch die institutionelle Aufwertung, verstärkten sich die Tendenzen, einen eigenen Wissenskanon zu bilden, der

51 Vgl. Flasch, Kurt: Das philosophische Denken im Mittelalter, Leipzig 2013, S. 37.

den Glauben stützen konnte. Die sogenannten Kirchenväter, dutzende Autoren der ersten acht Jahrhunderte unserer Zeitrechnung, prägten durch die Kommentierung neutestamentlicher und urchristlicher Schriften und Überlieferungen das Selbstverständnis des Christentums. Ihre Schriften wurden in den späteren Jahrhunderten wiederum kommentiert. Das theoretische Ringen der Kirchenväter drehte sich vor allem um die widerspruchsfreie Deutung der Menschwerdung eines transzendenten Gottes in Gestalt von Jesus und um die Teilhabe des Menschen am *Wort Gottes.*[52] Die theologischen Debatten mündeten 381 ins sogenannte Große Glaubensbekenntnis, mit dem die Philosophie an die Zügel der Theologie genommen wurde. Grundlage hierfür war das Trinitätsdogma, demzufolge die Wesenseinheit Gottes in drei Personen (Gottvater, Jesus und Heiliger Geist) bestünde.

Die Kurzformel *neque enim quæro intelligere ut credam sed credo ut intelligam* (dt. Denn ich suche nicht zu erkennen, damit ich glaube, sondern ich glaube, damit ich erkenne) des englischen Theologen und Erzbischof Anselm von Canterbury (um 1033–1109) drückt die Rolle der Philosophie innerhalb der christlichen Theologie am sinnfälligsten aus.[53] Anselm reagiert damit auf die Entwicklungen seiner Welt. Die Ökonomie begann sich zu stabilisieren, die Randgebiete Westeuropas bemühten sich um Autonomie gegenüber der zentralen Lehnsherrschaft des Königs, die Rückeroberung arabisch-islamisch kontrollierter Gebiete auf der iberischen Halbinsel (Reconquista) war in vollem Gange, und die Kreuzzüge standen bevor. Anselm versuchte, die Existenz Gottes zu beweisen, um den christlichen Glauben gegen Skepsis und neue Einflüsse abzusichern.[54] Zu

52 Vgl. Holz, Hans Heinz: Problemgeschichte der Dialektik, Bd. 2, a. a. O., S. 22.

53 Vgl. Canterbury, Anselm: Proslogion: lateinisch/deutsch, Leipzig 2005.

54 Der Kampf gegen Skepsis ist bis in die heutige Zeit das Grundmotiv aller Gottesbeweise.

diesem Zweck nahm er die Philosophie in seinen Dienst. Den Zweifelnden hält er entgegen, außer Gott könne nichts Größeres bzw. Vollkommeneres vorgestellt oder gedacht werden, da dieser die Welt und das Denken umfasse, ihre Identität bilde. Eine andere Vorstellung, die die Trinität z. B. als eine Setzung des Menschen interpretiert, weist Anselm als Selbstwiderspruch zurück: »Wäre das Sein Gottes bloß ein Sein im Intellekt, dann wäre eben dasjenige, als was nichts Größeres vorgestellt werden kann, etwas, als was Größeres vorgestellt werden kann.«[55] Anselms Gottesbeweis hebt also mit einer Voraussetzung an, einer Definition Gottes, die ihn als allwissend, allmächtig und allgütig beschreibt. Der Philosophie wird damit die Aufgabe zuteil, den Nachweis darüber zu führen, dass die Verneinung dieser Definition zu Widersprüchen führen muss, sodass nur die Bejahung der Definition bleibt, aus der die Existenz Gottes notwendigerweise folgen soll.

Die mittelalterliche Philosophie befindet sich im Widerspruch zwischen Glauben und Wissen. Kirche und Theologie, dazu der fürstliche oder königliche Hofstaat samt ihren Administrationen, sind der hauptsächliche Ort des Wissens. Die in Kirche und in Hofstaaten ansässigen Schriftgelehrten verfassten Bücher und fertigten Urkunden, die bis heute – neben archäologischen Funden – die wichtigsten Quellen der Geschichte des Mittelalters sind. Der gesellschaftliche Ort des Wissens bedingte auch die Form des Wissensaustauschs. Während sich die antike Philosophie vor allem der Natur und alltäglichen Phänomenen zuwandte, zehrte die mittelalterliche Philosophie von den Vorstellungen, die das philosophische Erbe der Antike überlieferte. Ihre Ideen bezog sie vor allem von Platon und Aristoteles, soweit sie ins Lateinische übersetzt und bereits kommentiert waren. Deshalb ist kaum überraschend, dass der

55 Canterbury, Anselm: Opera omnia, Bd. 1, Stuttgart/Bad Cannstatt 1968, S. 101.

Kommentar in Form einer *Summe*, die den Diskussionsverlauf ausführlich abbildet, zur geläufigsten literarischen Form des Mittelalters wurde. Ideen fanden vor allem auf diesem Wege ihre Verbreitung. Autoren kopierten einander und suchten ihre Originalität durch Rekombinationen des Abgeschriebenen zu beweisen. Große Bibliotheken standen selten zur Verfügung. Die dicken Summen bezogen viele ihrer Zitate aus anderen Büchern.

Eine Summe stellte das philosophische Problem ausführlich anhand von entgegengesetzten Zitaten der Autoritäten dar, um eine mögliche Harmonisierung anzudeuten (lat. *quaestio*). Im nächsten Schritt wurden die Einwände gegen den Lösungsweg vorgebracht (lat. *objectio*). Sodann versuchte der Autor, die Einwände zu entkräften (lat. *negatio*), um schließlich den Kompromiss zwischen den Extremen (lat. *conclusio*) zu begründen. Das ist der scholastische Argumentationsweg, der noch heute Einfluss ausübt.

Das Wissen verblieb jedoch nicht im exklusiven Kreis der Scholastiker, da die theologisch-philosophischen Deutungen unmittelbare Effekte in der Ausbildung des Klerus und somit in der breiten Religionsausübung bewirkten. Popularisiert wurde das Wissen zumeist durch Bilder, etwa in Bilderzyklen in den Kirchen. Eine Predigt, die komplexe Geschichten beinhalten konnte, wurde für die Gläubigen durch die Bilder anschaulich, diese blieben aber interpretationsbedürftig. Naturwissenschaftlich-experimentell gewonnenes Wissen stand dagegen meist hintan.

Die scholastische Wissensgewinnung und -verbreitung fand im mittelalterlichen Bildungssektor günstige institutionelle Voraussetzungen. Das vor allem durch die Klöster tradierte antike Bildungssystem wurde mit der christlichen Lebenswelt harmonisiert, was Folgen für die Kommunikations- und die Unterrichtsform hatte. Latein blieb nach dem Zusammenbruch der antiken Welt erste Verwaltungs- und Bildungssprache. Diese war zwar spätestens ab dem 8. Jahrhundert nicht mehr die Muttersprache der Autoren, bildete aber die Grundvoraussetzung intellektueller Tätigkeit und Kommunikation. Die im Entstehen begriffenen Nationalsprachen bildeten keinen Ersatz. Ein spanischer Erzbischof konnte sich mit seinen Kollegen aus England in derselben Sprache verständigen. In lateinischer Sprache wurden zudem die Sieben Freien Künste (lat. *artes liberales*) weiterhin gelehrt. Sie gliederten sich in das sprachlich orientierte Trivium (Grammatik, Rhetorik, Logik) und das mathematisch orientierte Quadrivium (Arithmetik, Geometrie, Musik und Astronomie). Mit der Entstehung der Universitäten im 11. Jahrhundert institutionalisierten sich die Freien Künste zur Artistenfakultät, die in der Frühen Neuzeit zur Philosophischen Fakultät wurde. Die Freien Künste standen so zwischen dem Propädeutikum an den Kloster- und Hofschulen, das elementare Kenntnisse im Schreiben, Lesen und Rechnen vermittelte, und dem möglichen Studium des Rechts, der Medizin und der Theologie an den höheren Fakultäten.

Diese Einteilung war nie unumstritten. Das Verhältnis von Philosophie und Religion wurde immer wieder neu ausgelotet. Konnte und sollte die Philosophie als Teil der artes liberales mit ihren Mitteln zum Glauben führen? Wurde damit nicht die Offenbarung der christlichen Religion in Frage gestellt? War die Theologie analog zu den artes liberales eine Wissenschaft oder ausschließlich *heilige Lehre*? Jede Beantwortung dieser Fragen zeigte weitreichende Konsequenzen. Seit 1280 durften beispielsweise die Lehrer der Artistenfakultät an der für die Theologie bedeutsamen Universität von Paris keine theologischen Fragen mehr behandeln. Diese blieben dem Glauben vorbehalten. Die somit neugewonnene Autonomie der Philosophie war zwar zunächst ein herber Rückschlag in einer stark durch den Glauben geformten Gesellschaft. Sie trug jedoch zu ihrer Emanzipation bei, da sie ihre Methoden und Gegenstände fortan unabhängiger vom Glauben formulieren konnte.

3.2. Das Universalienproblem

Besonders bedeutsam wurde in der Scholastik das Universalienproblem. Das Universale oder auch das Allgemeine meint zunächst nur eine Gemeinsamkeit, die mehreren Sachen, Gegenständen oder Geschöpfen zukommt. Eine solche Universalie wäre beispielsweise die Bezeichnung ›Lebewesen‹. Ein Handschuh kann von innen nach außen gestülpt werden, ohne dass er aufhört, ein Handschuh zu sein. Einem Lebewesen kann nicht dasselbe widerfahren, ohne ausgelöscht zu werden. Demnach sind Lebewesen all diejenigen Geschöpfe, deren Körper nicht von innen nach außen gekehrt werden können, ohne sie zu vernichten. Die Kontroverse entzündet sich an der Frage, was dann die Universalie ›Lebewesen‹ sei. Existiert die Universalie ›Lebewesen‹ wie reale Lebewesen existieren? Wenn ja, wo und wie existiert diese Universalie? Oder gibt es nur einzelne ›Lebewesen‹, wie diesen meinen Hund, dem ich das Merkmal ›Lebewesen‹ zuspreche? Was zunächst wie eine spitzfindige Studierstubenfrage anmutet, war im Mittelalter von höchster politischer Explosivität.[56] Sollte z. B. die ›Göttlichkeit‹ als Universalie nur vom Denken zugesprochen sein und nicht unabhängig von diesem existieren, stünde der Kern des christlichen Glaubens, das Trinitätsdogma, in Frage. Wenn Gott nur denkend durch den Menschen produziert wird, stellt sich der Mensch über den christlichen Gott und die Schöpfung.

Äbte, Bischöfe und Hochschullehrer fochten an den Bildungseinrichtungen mit allen Mitteln um die Deutungshoheit ihrer orthodoxen oder häretischen Auslegungen. Das machte einen wesentlichen Teil der kirchenpolitischen Auseinandersetzungen aus, da schließlich die gesamte theologische, juristische und medizinische Elite die Ausbildung an der Artistenfakultät durchlief.

---

56 Der politische Aspekt dieser Frage ist bis heute nicht verloren gegangen, tritt aber in anderen Zusammenhängen auf. Ein Beispiel: Gibt es die ›Arbeiterklasse‹ oder existiert nur die Summe vieler einzelner Arbeiter und derer, die sich ihnen zugehörig fühlen?

Dieser Streit konnte nur ausbrechen, da die Arbeitsgrundlagen, d.h. die Schriften der antiken Theoretiker und ihre christlichen Interpretationen, widersprüchliche Deutungen zuließen. Ausgangspunkt für den Universalienstreit wurden die Kategorienschrift des Aristoteles und die Einleitung des spätantiken Philosophen Porphyrius (um 233–um 303), den der Kirchenvater Boëthius (um 480–um 524) ins Lateinische übertrug und kommentierte, ein Buch, das bis zum 12. Jahrhundert als Standardlehrbuch für die aristotelische Logik verwendet wurde. Porphyrius unterscheidet zu Beginn fünf allgemeine Aussageweisen, die sogenannten Prädikabilien, die als Universalien verstanden wurden: 1) die *Gattung* als dasjenige, das Verschiedenes der Art nach beschreibe; 2) die *Art* als dasjenige, das verschiedenes Einzelnes zusammenfasse; 3) der *Unterschied* als dasjenige, das Gleiches voneinander trenne; 4) die *Eigentümlichkeit* als dasjenige, das einem Einzelnen zukomme und zugleich mit der Art zusammenfalle; und schließlich 5) das *Akzidenz* als dasjenige, das das Veränderliche und Zufällige ausdrücke. Porphyrius erklärt nicht, was der Status der Prädikabilien sei. Sein Werk aber steckt den Rahmen ab, in dem sich die Debatte vollziehen wird: Sind die Prädikabilien, also die Universalien, wirklich oder bloß gedacht? Falls sie wirklich sind, haben sie Körper? Falls sie körperlich sind, bestehen sie dann für sich oder sind sie Zusätze des sinnlich Wahrnehmbaren?[57] Im Laufe des Mittelalters werden sich in den Höhepunkten der Universaliendebatten (12./14. Jahrhundert) drei Antworten herausbilden: der Realismus, der Nominalismus und der Konzeptualismus.

Der französische Bischof Wilhelm von Champeaux (um 1070–1121) vertrat eine realistische Position, die wir größtenteils nur aus den Kritiken gegen ihn kennen. Die Universalien

57 Vgl. Aristoteles: Kategorien (des Organon erster Teil). Voran geht: des Poryphyrius Einleitung in die Kategorien, Leipzig 1920, S. 1.

existieren für ihn nicht nur im Denken, sondern liegen, wie sein Schüler und Kritiker Peter Abaelard (1079–1142) berichtet, »allen Einzeldingen zu Grunde, so daß diesen nach seiner Meinung keine eigentliche Wesensverschiedenheit zukomme, sondern nur eine Mannigfaltigkeit, die von der Menge der hinzutretenden Accidentien herrühre.«[58] Individuell sei eine Sache oder ein Geschöpf nur aufgrund zufälliger Eigenschaften. Vorgelagert sei das existierende Universale. Aristoteles sei beispielsweise nicht ein wirkliches Exemplar der bloß gedachten Gattung Mensch, sondern er sei selbst die Gattung Mensch, wobei ihm auch noch zufällige Eigenschaften zukommen, die ihn als Exemplar z. B. von Platon unterscheiden. Demgegenüber stand der Nominalismus von Johannes Roscelin (um 1050–um 1124), Kanoniker und Mitglied des Domkapitels von Tours und Besançon, dessen Texte wir ebenfalls nicht im Original kennen. Ihm zufolge sind Universalien nicht mehr als Wörter (lat. *flatus vocis*), mit deren Hilfe wir auf Verschiedenes hindeuten. Die Trinität ist demzufolge nur wirklich als eine Begriffsverbindung von drei getrennten Personen. Das war jedoch in den Augen der Kirche Häresie, für die er sich auf einem Konzil im französischen Soissons (1092/93) zu verantworten hatte. Schließlich ging er ins englische Exil.

Der Hochschullehrer und Mönch Peter Abaelard vertrat eine konzeptualistische Position, die zwischen beiden Extremen zu vermitteln suchte. Einerseits ergaben sich für ihn Ungereimtheiten aus dem Realismus: Wie könne die Gattung ›Lebewesen‹, die alle ›Lebewesen‹ umfasse, zur gleichen Zeit in verschiedenen, voneinander getrennten Exemplaren dieser Gattung sein? Dann wäre die existierende Gattung ›Lebewesen‹ vernunftbegabt wie der Mensch und zugleich nicht vernunftbegabt wie das Tier. Das sei aber unmöglich, denn kein einzelnes

58 Abaelard, Peter: Briefwechsel zwischen Abaelard und Heloïse mit der Leidensgeschichte Abaelards, Leipzig 2013, S. 22.

Wesen könne für sich beanspruchen, die gesamte Gattung zu umfassen.[59] Andererseits unterschied er – gegen Roscelin gerichtet – zwischen dem Wort und der Rede. Das Wort diene der Benennung von Objekten und komme durch die Schöpfung Gottes zum Menschen. Die Rede sei demgegenüber etwas spezifisch Menschliches, weil in ihr universaler bzw. allgemeiner Sinn durch den Menschen vollzogen werde. Der allgemeine Sinn ermögliche Kommunikation unter Menschen. Beides, das Wort und die Rede, könnten jedoch nie getrennt auftreten. Da kein Sinn ohne Wort entstehe, nähmen die Universalien ihren Ausgang dennoch im Göttlichen.

Auch im späteren Universalienstreit war die Debatte ihrer politischen Seite nach ein Kampf zwischen Orthodoxie und Häresie. Wilhelm von Ockham (1285–1350) sah sich beispielsweise Mitte der 1320er Jahre dem Vorwurf der Häresie ausgesetzt, wurde aber aus ungeklärten Gründen nie verurteilt.

Doch auf dem zweiten Höhepunkt der Universaliendebatte deutete sich auch ein neues Denken überhaupt an. Keime eines bürgerlichen Materialismus, »ein Stück kapitalistischer Urgeschichte«[60], traten auf. Es brachen sich vermehrt materialistische Philosopheme Bahn, die durch eine rigorose Kirchenpolitik immer weniger zurückgehalten wurden und in der Renaissance und Aufklärung schließlich ihre Sprengkraft entfalten konnten. Die Erkenntnis der Wirklichkeit – etwa der konkret-sinnlichen Wahrnehmungswelt oder der Strukturen von Wirklichkeit schlechthin – geriet, wenn auch im Gottesgewand, allmählich in den Blick der Philosophie. Der Schwerpunkt der Debatte verschob sich daher vom Wort Gottes hin zur Reichweite des Begriffs. Gab der Begriff die Gesetzmäßig-

59 Vgl. Flasch, Kurt: Das philosophische Denken im Mittelalter, a. a. O., S. 245 f.

60 Bloch, Ernst: Das Materialismusproblem, seine Geschichte und Substanz, Frankfurt/Main 1972, S. 41.

keiten der Wirklichkeit und somit auch Gottes Willen wieder? Oder waren die Gründe für Gottes Handeln unergründlich? Was sollte die Philosophie, aber auch die Theologie erforschen, wenn nicht Gott? Einigkeit bestand zwischen den verfeindeten Lagern jedenfalls darin, dass Glauben und Philosophie durchaus eigene Zuständigkeitsbereiche haben. Was in Theologie und in Philosophie zugleich oder nur in einem von beiden als wahr galt, musste noch ausgelotet werden. Der Emanzipationsprozess der Philosophie war zu diesem Zeitpunkt bereits unumkehrbar.

Die Realisten mit ihrem prominentesten Vertreter Thomas von Aquin traten weiterhin als Verteidiger der mittelalterlichen Ordnung auf. Das Denken könne die göttliche Ordnung nachvollziehen und die Wirklichkeit nach diesen Vorgaben einrichten. So konnte zwar nicht mehr behauptet werden, dass die Universalien körperliche Substanzen seien, aber weil Gott die Wirklichkeit gesetzmäßig eingerichtet habe und der Mensch am *Wort Gottes* teilhabe, kann diese Gesetzmäßigkeit mittels des Denkens eingesehen werden. Thomas von Aquin nutzt für seine These den aristotelischen Materie-Begriff. Die Universalien stellen für ihn existente, erkennbare Formen dar, die zugleich die Ideen Gottes seien und sich im Einzelnen materialisieren könnten. Zur Begründung seiner realistischen Position entwickelte er eine pyramidale Hierarchie, die sich in materielle und ideelle Formen aufteilt. Der Mensch, insbesondere die menschliche Seele, sei die oberste Stufe der materiellen und unterste der ideellen Formen. Er liege am Scheidepunkt zwischen der stofflichen und der göttlichen Welt, weil der Mensch körperlich sei, aber sein höchstes Glück darin bestünde, Gott zu suchen und anzuschauen. Der Mensch ist also in eine umfassende Wirklichkeitskonzeption eingebunden, die jedoch nicht materialistisch intendiert ist. Die Materie zeichne sich vor allem durch die Fähigkeit aus, sich in Verschiedenes zu transformieren, in unzählige Steine, Pflanzen, Tiere und Menschen. Die Annäherung an die ideellen Formen verringere die materielle Vielfalt, steigere aber das Universale. So geht es dann über die Himmelskörper, die Engel und die Seligen hinauf zu Gott, der die reine Wirklichkeit (lat. *actus purus*) und Schöpfer der konkreten Welt ist: »Die Ordnung der Glieder des Alls zueinander besteht kraft der Ordnung des ganzen Alls auf Gott hin.«[61] Alles hat teil an dieser Wirklichkeit Gottes. Der Begriff spricht diese Wirklichkeit immer in Analogien (lat. *analogia entis*) aus. Der Begriff von Gott entspricht also nicht Gott selbst, aber kann seine Struktur, etwa in Form der Trinität, ausdrücken. Darin ist ein materialistisches, geradezu erkenntnisoptimistisches Element eingewoben: Die Welt ist durch das Denken in ihren Strukturen erkenn- und abbildbar.

Dennoch zeigt sich gerade an seinem Spätwerk, wie die Philosophie noch zur Verteidigung der feudalen Verhältnisse eingesetzt werden konnte, indem Thomas das mittelalterliche Bild vom Kosmos in seine Philosophie aufnimmt. In diesem Kosmos-Modell harmoniert eine räumliche Vorstellung der Wirklichkeit mit einer transzendenten. Die Erde liegt in der Mitte. Über ihr erhebt sich ein konzentrisches, siebenstufiges System von durchsichtigen Schalen. Diese tragen die bekannten Planeten (auch die Sonne und den Mond). Ein Fixsternhimmel umkreist die sieben Schalen. Dort regulieren Engel die Geschwindigkeit der Schalen. Über den Sternen erhebt sich wiederum der neunte Himmel, der als Hort der Engel das Prinzip der Bewegung ursprünglich beherbergt. Der Sitz Gottes und der Seligen, der sogenannte Feuerhimmel, bildet unabhängig von Zeit und Raum, absolut in sich ruhend, den Abschluss über dem neunten Himmel. Dieses Bild vom Kosmos gab sich zwar schon unendlich weit, entsprach aber den mittelalterlich-ständischen Gesellschaftsstrukturen, die es in den Kosmos projizierte und somit ideell verewigte.

61 Aquin, Thomas: De potentia Dei, q. 7, art. 9.

Ockham wird sich gegen diesen platonisch-aristotelisch-christlichen Jargon wenden, indem er seinen Konzeptualismus entwickelt. In seiner *Summa logicae* begreift er die Wirklichkeit als etwas, das nur aus einzelnen Dingen besteht. Auch die Universalien sind für ihn Einzeldinge, aber nicht in einem körperlichen Sinne. Sie haben eine Realität im Denken des Menschen und helfen, sich in der Wirklichkeit zu orientieren, indem sie z. B. Äpfel von Birnen unterscheiden oder Tiere in Arten unterteilen. Deshalb könne jedoch nicht davon ausgegangen werden, dass ›Unterschied‹ und ›Art‹ gleichermaßen existieren wie einzelne Äpfel: »Wenn ein Universale eine Substanz wäre, welche in vielen Einzelsubstanzen existierte und dennoch davon verschieden wäre, dann folgte, daß es ohne diese existieren könnte, weil jedes Ding, das natürlicherweise früher ist als ein anderes, durch die göttliche Allmacht ohne dieses andere existieren kann. Diese Folgerung aber ist absurd.«[62] Ein Universale existiere »nur aufgrund der Bedeutung, das heißt, weil es Zeichen mehrerer ist«.[63] Ihre Bedeutungsfunktion bleibe stabil, sie könne aber mehrere, durchaus wechselnde Dinge umschreiben. Die Worte hingegen können stets variiert und verändert werden.[64] Hieraus ergibt sich die Forderung, dass sich das Denken nicht mehr nur der Theologie, sondern verstärkt der Empirie widmen soll. Die sinnliche Erfahrung soll so wieder zu ihrem Recht kommen, da die bisherige christliche Theologie sich in endlosen Debatten über die guten Ideen Gottes verirre. Ohne es zu ahnen, bereitete Ockham mit seinen frühbürgerlichen Ansätzen den Wahrheitsanspruch der Naturwissenschaften und der Mathematik vor. Dabei war es Ockham darum zu tun, den Aufweis zu erbringen, dass die begrenzte menschliche Rationalität unter keinen Um-

62 Ockham, William: Summa logicae, I, 15, in: Texte zur Theorie der Erkenntnis und der Wissenschaft, lateinisch/deutsch, Stuttgart 1984.

63 Ebd., 14.

64 Vgl. ebd.

ständen die Gründe für Gottes Handeln erschließen könne, um womöglich die gottgegebene Ordnung zu hinterfragen.[65] Der Gottesbegriff war zwar noch nicht obsolet geworden, doch seine Infragestellung durch die Aufklärung bereitete sich auch im Universalienstreit vor. Ockhams Philosophie ist jedoch keineswegs eine Verneinung Gottes oder gar atheistischer Materialismus. Die philosophischen Theorien bleiben das gesamte Mittelalter trotz vielfacher Risse und konträrer Standpunkte in die religiöse Orthodoxie eingebettet.

3.3. Der orientalisch-okzidentale Wissenstransfer

Die Emanzipation der Philosophie wurde maßgeblich durch orientalisch-okzidentalen Wissenstransfer vorangetrieben. Im Zuge der Kreuzzüge (11.–13. Jahrhundert) trafen die christlichen Invasoren auf eine überlegene Zivilisation, die sie eifrig zu studieren begannen.

Die Araber hatten im 7. Jahrhundert Persien und Ägypten erobert. Dort wurden – vermittelt durch syrische Gelehrte – nach wie vor griechische Philosophie und antike Naturwissenschaften rezipiert. Im 9. Jahrhundert eroberten die Araber weitere asiatische Gebiete, sodass zur Jahrtausendwende weitaus größere Gebiete unter arabischer Herrschaft standen als zu Zeiten des römischen Imperiums. Sie reichte zeitweise von Indien bis zur iberischen Halbinsel, die bereits im 7. Jahrhundert an die Araber fiel. Die Araber adaptierten und vereinten die vorgefundenen Wissenskulturen, was besonders in den blühenden Städten des arabischen Raums wie Damaskus vorangetrieben wurde. Der Islam, als verbreitetste Religion im arabischen Raum, begünstigte gleichsam die Vereinheitlichung, da er seine Beständigkeit aus einer strengen Schriftorthodoxie zog und so ein stabiles Gravitationszentrum inmitten der vielfältigen Kul-

65 Vgl. Beckmann, Jan P.: Wilhelm von Ockham, München 1995, S. 36 ff.

tureinflüsse bot.[66] Dennoch erhielten gerade die Naturwissenschaften eine relative Autonomie gegenüber der Theologie. Es waren vor allem Ärzte, nicht Kleriker, die die Forschung vorantrieben und philosophierten, was sie immer wieder in die Nähe der Häresie rückte. Auch hier hatte die Religion das letzte Wort; es gab keinen naturwissenschaftlich begründeten Atheismus.

Ein friedlicher Wissensaustausch zwischen orientalischer und okzidentaler Welt, etwa bedingt durch Handel, kam indes nur stockend zustande, da die politische, ökonomische, religiöse, ideologische und militärische Feindschaft im Vordergrund stand. Nachdem in Folge der Reconquista zusehends Gebiete aus der arabischen Herrschaft herausgelöst werden konnten, entstand im spanischen Toledo – das seit 1085 wieder christlich war – eine Übersetzerschule. Christen und Juden, die zuvor in den arabischen Gebieten gelebt hatten, wurden als Übersetzer herangezogen. Umfangreiche Schriften über Medizin, Physik, Astronomie, aber auch Philosophie waren ab dem 12. Jahrhundert zugänglich. Aristoteles wurde beispielsweise aus dem Arabischen und dem Griechischen übersetzt.

Die Wissensunterschiede zwischen Europa und arabischer Welt waren immens. Den europäischen Gelehrten bot sich ein reichhaltigeres Bild an Naturkenntnissen, Technikverständnis und philosophischen Impulsen, da keine ebenbürtigen, eigenen Einflüsse bereit standen. Algebra, Optik, Medizin und Astronomie wurden vor allem arabisch bestimmt. Angehende Ärzte begannen, in der Schule von Salerno – einer der ältesten Universitäten Europas – die Naturphilosophie von Aristoteles zu lesen. Das Materie-Verständnis von Aristoteles sollte ihnen als Vorbereitung auf die Medizin dienen. Dabei wurde Aristoteles nicht nur in der lateinischen Übersetzung gelesen, sondern

66 Vgl. Ley, Hermann: Studie zur Geschichte des Materialismus im Mittelalter, Berlin 1957, S. 29 f.

unter Zuhilfenahme der arabischen Kommentare, von denen der Arzt Avicenna (Ibn Sina, um 980–1037) und der Jurist Averroës (Ibn Ruschd, 1126–1198) die bedeutendsten wurden. Avicennas Schriften blieben bis ins 16. Jahrhundert ein wichtiges Werk für die Mediziner des Mittelalters.[67]

3.4. Die Ewigkeit der Materie – Avicenna und Averroës

Avicenna avancierte zu einem der am meisten zitierten Autoren im Mittelalter. Er erhielt eine umfassende Ausbildung in Theologie, Philosophie, Naturwissenschaften und Medizin, sodass er bereits im Alter von 20 Jahren in seiner Heimat Samarkand am Hof des Sultans Nuh ibn Mansur (976–997) als Arzt tätig wurde. Die Medizin bestimmte infolgedessen seine wissenschaftliche Anreicherung des aristotelischen Materiebegriffs. Eines seiner Hauptwerke heißt nicht ohne Grund *Buch von der Genesung der Seele*.

Aristoteles ließ das Problem zurück, wie die erste Materie, die keine Form und kein Ziel kennt, als Grundlage aller anderen Materie konkrete Dinge hervorbringt. Avicenna versucht, das Problem zu lösen, indem er die erste Materie als Prinzip denkt, das die Möglichkeit der Entstehung beschreibt. Dieses Prinzip sei existent und unveränderbar: »Die Natur dessen, was in der Potenz existiert, befindet sich ausschließlich in der Materie als seinem Substrat. Daher ist die Materie so beschaffen, daß man sagen kann, sie bestehe in sich selbst der Potenz nach und sei existierend.«[68] Die Potenzialität der Materie versinnlicht Avicenna, indem er Beispiele aus der lebensweltlichen Praxis heranzieht: »Manchmal verhält sich die Materie so wie die Tafel zur Schrift.«[69] Sie könne Eigenschaften aufnehmen, ohne ihre Gestaltform grundlegend zu ändern. Mehr noch, die Ma-

67 Vgl. Flasch, Kurt: a. a. O., S. 303 f.

68 Horten, Max (Hg.): Die Metaphysik Avicennas, Bonn 1906, S. 147.

69 Ebd., S. 408.

terie könne ihre Gestalt ändern, ohne sich ihrem Wesen nach zu ändern, etwa, wenn aus Wachs eine Skulptur oder ein Bett aus Holz geformt wird. »Manchmal«, fährt Avicenna fort, »verhält sie sich wie der Same zum Tier«. Bevor ein Tier entstünde, müsse der Samen seine Wesenform ablegen, um die »des Tieres in sich aufzunehmen.«[70] Schließlich entstehe etwas Materielles auch durch Kombination. Einerseits ändern sich dabei die Wesensformen der Teile, wie etwa beim Teig: »Der Teig entsteht nicht aus der Frucht allein, sondern aus ihr zugleich in Verbindung mit einer anderen Speise. Vor der Mischung ist sie nur ein Teil von den vielen Teilen des Teiges und verhält sich zu ihm wie die Potenz.«[71] Andererseits müssen sich die Teile nicht unbedingt verändern, etwa beim Hausbau, wenn aus Stein und Holz eine Unterkunft gebaut wird. Die einzelnen Dinge entstehen und vergehen also durch Einwirkungen, Ortsveränderungen oder kausale Gründe in einem unendlichen Prozess. Mit dieser Aufschlüsselung der Möglichkeitsformen der Materie will Avicenna die Möglichkeit der Materie als Disposition derselben (lat. *causa materialis*) aufweisen. Das würde Gott obsolet machen, wenn nicht die Frage offenbliebe, wer oder was den Prozess der stetigen Formveränderung der Materie in Gang gesetzt hat. Avicenna zieht jedoch diese Konsequenz nicht. Die Materie selbst kann für ihn ihre wechselnden Formen nicht ohne Gott als Ursache hervorbringen, der als Formgeber (lat. *dator formarum*) das Mögliche ins Wirkliche hebe. Das Besondere ist, dass Avicenna das Erklärungsgewicht von Gott auf die Materie verlegt. Der konkrete, materielle Gegenstand sei nicht durch Gott vorherbestimmt. Die Materie erhält hier im Ansatz eine immanente Erklärung. Ihr Ort, ihre Eigenschaften und ihre Verwandlung werden aus der ersten Materie und nicht dem Schaffen Gottes erklärt, der hier nur noch als Weltener-

---

70 Ebd.

71 Ebd.

schaffer herhalten darf. Eine materialistische Philosophie ist zum Greifen nahe.

Averroës radikalisierte diesen Ansatz. In Córdoba geboren, konnte er auf eine mehrere hunderttausend Bände umfassende Bibliothek zurückgreifen. Er studierte neben Medizin und Philosophie auch Jura, wurde 1169 Richter und 1182 für kurze Zeit der Leibarzt des Kalifen Abu Yaqub (1164–1184). Er trat vor allem durch eine Enzyklopädie des medizinischen Wissens seiner Zeit und zahlreiche Kommentare zu Schriften des Aristoteles hervor. 1195 wurde er aufgrund seiner häretischen Ansichten verbannt, da er vor allem gegen den islamischen Theologen Al-Gazali (1058–1111) polemisierte und die Wissenschaft von der Religion endgültig abtrennen wollte.

Besonders provokant erschien den islamischen Machthabern (wie auch später der christlichen Orthodoxie) seine Behauptung, dass die Welt ewig sei. Averroës liefert zwar keinen Anti-Gottesbeweis, scheidet aber die Frage nach Gott aus der Philosophie aus und weist sie der Theologie zu. Die Welt brauche keinen Schöpfer, der den Dingen zur Existenz verhelfe, denn es sei unmöglich, dass die Möglichkeit aus dem Nichts entstünde. Im Nichts kann nichts sein, sonst wäre es schon Etwas. »Die Möglichkeit erfordert ein reales Ding, dem sie inhäriert (…) Bei der Möglichkeit in der Ursache ist daher die Möglichkeit des aufnehmenden Prinzips eine notwendige Bedingung; denn die Ursache, die nicht wirken kann, ist unmöglich.«[72] Die Wirkung, eine Grundtatsache sinnlicher Erfahrung, sei also an etwas Real-Mögliches gebunden. »Es muss also«, schließt Averroës, »eine ewige Bewegung vorhanden sein, die jene Aufeinanderfolge in der Materie bewirkt von entstehenden und vergehenden Dingen in anfangloser Kette; denn unter Entstehen versteht man die Veränderung und Umgestaltung eines

72 Horten, Max (Hg.): Die Hauptlehren des Averroës nach seiner Schrift: Die Widerlegung des Gazali, Bonn 1913, S. 104 f.

Dinges aus einer Potentialität zum Akte.«[73] Eine externe Existenzhilfe ist somit hinfällig. Die Entwicklung der Wirklichkeit gehe vielmehr in differenzierten Vermittlungsschritten vor sich: »Der Same ist nur der Potenz nach ein Mensch, wenn er in die Gebärmutter fällt (…). Alles erfordert daher außer dem ersten, ferneren Möglichsein das nächste als die beiden potenziellen Substrate. Wenn diese beiden Potenzen vorliegen, und wenn zugleich die Wirkursachen und das Entfernen der Hindernisse günstig zusammentreffen, geht das Ding notwendigerweise zur Aktualität über.«[74] Diese Sicht hätte den Weg für eine materialistische Weltsicht frei machen können. Doch auch Averroës bleibt seiner Religion verhaftet, indem er seinem selbstgenügsamen Materialismus einen allerersten Beweger voranstellt. Das für ihn nicht zu lösende Problem bestand nicht in der Frage, wie die Vielheit der wahrnehmbaren Realität aus einem Prinzip hervorgebracht wird. Das hatte er gelöst, indem er die erste Materie nicht dinghaft verstand. Fraglich war, wie das Prinzip der Möglichkeit in die Welt kommt. Da dieses nicht aus dem Nichts kommen kann, führt Averroës Gott, wenn auch auf einer höheren Ebene, ähnlich dem mittelalterlichen Kosmos, wieder ein: »Denn aus diesem Beweger geht notwendig mehr als eine Form hervor, denn er ist es, der dem Fixsternhimmel die Form und dem Beweger der angrenzenden Sphäre die Existenz verleiht. Aus dem einfach Einen qua einfach Einen kann doch nur ein Einziges emanieren (…). Dieses Prinzip ist Gott, denn noch ein früheres Prinzip anzunehmen wäre überflüssig, in der Natur gibt es aber nichts Überflüssiges.«[75] Wie Gott jedoch die Möglichkeit als Prinzip hervorbringt, wird von ihm nicht mehr erklärt.

---

73 Ebd., S. 105.

74 Ebd., S. 103.

75 Bergh, Simon van den (Hg.): Die Epitome der Metaphysik des Averroës, Leiden 1924, S. 77.

Averroës' Ideen wirkten tief in die mittelalterlichen Wissenschaften hinein; neue naturwissenschaftliche Methoden, etwa die voranschreitende Mathematisierung der Naturerkenntnis, konnten durch eine atheologische Betrachtung des Geistes gestützt werden.

3.5. Exkurs: Pantheismus

Eine konsequent materialistische Philosophie gab es im Mittelalter nicht. Sie hätte eine Religionskritik erfordert, gestützt auf einen stringenten Atheismus. Die Doppelrolle der Kirche als weltliche und geistliche Macht, die sich etwa in ihrer tragenden Rolle bei der im 13. Jahrhundert entstehenden Inquisition zur Verfolgung ihrer Gegner manifestiert, ließ das nicht zu. Die philosophischen Konzepte entstanden, egal ob christlich oder islamisch geprägt, vor dem Hintergrund einer monotheistischen Offenbarungswahrheit. Die Kritik an religiösen Inhalten orientierte sich deshalb an der gegenwärtig gültigen theologischen Orthodoxie, die ihre Gegner nicht als Ungläubige, sondern als Häretiker bekämpfte.

Die radikalste Form der Kritik, die an einen Materialismus heranreicht, wurde von pantheistischen Philosophen vorgetragen. Sie bezweifelten das Verhältnis zwischen Schöpfergott und Wirklichkeit, ohne jedoch ihren eigenen theologischen Hintergrund vollends zu überwinden. Die Pantheisten behaupteten, dass Gott in allem (griech. *pan*, dt. *alles, das Ganze*) sei und so die Wirklichkeit zusammenhalte.

Pantheistische Anfänge: Avicebron, Amalrich von Bena, David von Dinant | Auch wenn der Begriff erst im 18. Jahrhundert durch das Buch *Pantheisticon* (1720) von John Toland (1670–1722) geprägt wurde, reichen die Spuren pantheistischer Philosophie bis in das arabisch-islamische Mittelalter zurück. Der jüdische Philosoph und Dichter Avicebron (Solomon ibn Gabirol, 1020–1068) aus Mauretanien prägte den Begriff der *materia universalis* in seiner Schrift *Fons vitae* (dt. Quelle des Lebens). Für ihn ist alles von den Höhen Gottes über die Seele des Menschen bis hin zu den Niederungen der anorganischen Welt materiell strukturiert: »Da in der körperlichen Welt sowohl alle Stoffe wie alle ihre Formen ein gemeinsames Wesen haben, so gibt es eine einheitliche Materie und einheitliche Form. Da auch in der seelisch-geistigen Welt sowohl alle Stoffe wie alle Formen ein gemeinsames Wesen haben, so gibt es auch hier eine einheitliche Materie und eine einheitliche Form.«[76] Doch das bedeutet nicht, dass es zwei verschiedene Materien und zwei verschiedene Formen, eine jeweils körperlich-dingliche und eine geistige, gäbe, die voneinander getrennt wären. Vielmehr bildet die universelle Materie die Grundlage zur Hervorbringung des Geistigen und des Körperlichen, denn sie ist der »Ausgangspunkt aller übrigen Materien und Formen bis herab zum letzten Zusammenhang«.[77] Die Stellung Gottes als höchste Sprosse im System der Wirklichkeit bleibt unangetastet, wird aber identisch mit Materie. Der Vorrang eines Schöpfergottes wird so zumindest in Frage gestellt, denn es ist nicht das Ideelle, das die Welt erschafft, sondern nur die allgemeine Materie.

Die Amalrikaner, eine religiöse Sekte in Frankreich, gingen einen Schritt weiter. Ihre Lehren sind uns nicht im Original überliefert, da alle Schriften 1210 nach einer Synode verbrannt oder verboten und ihre Mitglieder entweder zu lebenslangen Haftstrafen verurteilt wurden oder auf dem Scheiterhaufen umkamen. Ihre Vorstellungen wurden der Orthodoxie gefährlich, denn sie verbreiteten sie in französischer Volkssprache unter den Laien. Durch ihren Pantheismus lösen sie den Gottesbegriff auf. Amalrich von Bena (um 1140/50–1206), Lehrer der Sieben Freien Künste in Paris und Stifter der Amalrikaner, erklärt alles, was Form hat, als göttlich. David von Dinant (um 1160–

76 Baeumker, Clemens (Hg.): Fons vitae, München 1892, S. 226.

77 Ebd., S. 313.

um 1217), ebenfalls Lehrer in Paris und womöglich Anhänger der Amalrikaner, universalisiert und materialisiert Gott. Er soll davon ausgehen, dass Gott nicht nur über allem steht, sondern auch allem zugrunde liegt. Gott sei kein ideelles Prinzip, sondern gleich mit der ersten Materie und allem, was existiere. In jedem Materiellen seien Gott und Geist gleichermaßen gegenwärtig.[78] Eine Unterscheidung der Wörter Gott und Materie ist dann sinnlos, weil sie dasselbe besagen.

Die beseelte Prozessmaterie – Giordano Bruno | Noch knapp 400 Jahre später ging die Kirche unerbittlich gegen pantheistische Abweichler vor. Das Schicksal des Scheiterhaufens erfuhr am 17. Februar 1600 auch Giordano Bruno, nachdem er, wegen Ketzerei und Magie angeklagt, beinahe acht Jahre lang in den Kerkern Roms dahingesiecht hatte. Bruno, um 1550 bei Neapel geboren, eckte früh bei den kirchlichen Institutionen an. Nachdem er im Dominikanerorden die Trinität bezweifelt hatte, war er ab 1576 zu einem unsteten Wanderleben genötigt, das ihn durch die Schweiz, Frankreich, Großbritannien, Deutschland, Böhmen und Mähren führte. Immer gezwungen, die Gunst der europäischen Fürstenhäuser zu erobern, um einen Lehrstuhl an einer Universität zu ergattern, fehlte ihm jedes Talent, seine Existenz langfristig zu sichern.

In seiner in Oxford entstandenen Schrift *Über die Ursache, das Prinzip und das Eine* (1584) entwickelt Bruno seinen naturphilosophischen Pantheismus. Es geht ihm vornehmlich um die Klärung von zwei Fragen: Welches Prinzip lässt die Wirklichkeit so vielfältig erscheinen? Und wie verhält sich diese Vielfalt zu diesem Prinzip?[79] Bruno nahm hierfür die Ideen von Avice-

78 Holz, Hans Heinz: Problemgeschichte der Dialektik, Bd. 2, a. a. O., S. 579.

79 Vgl. Leinkauf, Thomas: Einleitung, in: Giordano Bruno, Werke, Bd. 3, Hamburg 2007, S. LXIX ff.

bron, Avicenna und Averroës auf, merzte aber den Schöpfergott aus: »Wir sehen doch, wie alle natürlichen Formen in der Materie verschwinden und aufs neue in sie wieder eintreten: aus dieser Perspektive hat nichts, mit Ausnahme der Materie selbst, ein konstantes, gesichertes, ewiges und eines Prinzips würdiges Sein; außerdem haben die Formen kein Sein ohne Materie (…) Es muß daher die Materie, die sich immer gleich und fruchtbar bleibt, das grundsätzliche Vorrecht haben, als einziges substantielles Prinzip anerkannt zu werden, als das, was *ist* und was immer Bestand hat.«[80] Die Materie wird hier schon nicht mehr nur als Ding, sondern als universeller und unendlicher Prozess mit lebensspendender Funktion gedeutet, wofür traditionell das Wort Gott noch verwendet wurde: »Aus diesem Grunde kann man Philosophen finden, die (…) das Problem der natürlichen Formen wohl erwogen und am Ende den Schluss daraus gezogen haben, daß diese natürlichen Formen nichts anderes als Akzidentien und besondere Bestimmungen der Materie seien und daß demzufolge das Anrecht darauf, Akt und Vollkommenheit zu sein, der Materie zuerkannt werden müsse.«[81]

Brunos Materieauffassung scheint durchweg materialistisch, fällt jedoch in eine pantheistische Konzeption zurück, wenn er von den Materialisten sagt, sie bräuchten keinen Gott, die qualitative Vielfalt der Wirklichkeit aber könnten sie nicht erklären. Die Welt sei nun einmal keine »Jauchegrube chemischer Stoffe«[82], keine mechanische Mischung aus Stoß und Kraft, sondern in Abstufungen beseelt. Sicher hat der Stein keine Seele wie der Mensch, aber es ist durchaus Geistiges an ihm: »Jedes Ding, wie klein und gering auch immer es sein möge, hat in

80 Bruno, Giordano: Über die Ursache, das Prinzip und das Eine, in: Werke, Bd. 3, a. a. O., S. 157.

81 Ebd.

82 Bruno, Giordano: Der Erwecker oder Eine Verteidigung von Thesen des Nolaners, in: Gesammelte Werke, Bd. 4, Leipzig/Jena 1909, S. 120.

sich einen Teil der geistigen Substanz.«[83] Findet diese geistige Substanz einen geeigneten körperlichen Träger, kann sie zur Belebung beitragen, zu Pflanzen oder Tieren werden. Die geistige Substanz »nimmt die Glieder eines jeden Körpers an, von dem man gemeinhin sagt, er sei beseelt«.[84] Es ist für Bruno eine vernünftige Weltseele, die »sich in allen Dingen« findet, und wenn man schon nicht alles beleben kann, so kann es doch beseelt werden, sodass jedes Ding »dem Prinzip nach«[85] lebendig werden könnte.

Dennoch ist sein Pantheismus keineswegs ein absoluter Rückfall in mythische Erklärungsweisen. Bruno argumentiert zuweilen auf der Höhe der Wissenschaften seiner Zeit. Elemente seines Pantheismus decken sich mit der bis ins 19. Jahrhundert anerkannten Theorie der Spontanzeugung. Lebende Materie könne hiernach – neben gezielter Fortpflanzung – plötzlich und ohne einsehbaren Grund aus unbelebter Materie entstehen, wie Schimmelpilze auf Nahrungsmitteln oder Mehlwürmer im Mehl zeigen. Erst die Erfindung des Lichtmikroskops und der Nachweis von Mikroorganismen im 17. Jahrhundert konnten diese Theorie nach und nach widerlegen.

Mathematischer Pantheismus – Baruch de Spinoza | Pantheisten wurden immer wieder als Atheisten beschimpft. Nicht mehr im Namen der Inquisition und der Kirche, aber als Parteigänger des Glaubens trat der Kaufmann und Schriftsteller Friedrich Heinrich Jacobi (1743–1819) hervor. In einem kontroversen Briefwechsel mit dem Philosophen Moses Mendelssohn (1729–1786), der 1785 unter dem Titel *Über die Lehre des Spinoza, in Briefen an Moses Mendelssohn* veröffentlicht

---

83 Bruno, Giodarno: Über die Ursache, das Prinzip und das Eine, in: a. a. O., S. 111.

84 Ebd.

85 Ebd.

wurde, bezog Jacobi Stellung gegen Anhänger der Philosophie Spinozas. Es folgten weitere Schriften, die im sogenannten Spinoza-Büchlein (1789) zusammengefasst wurden. Jacobi proklamiert hierin u. a.: »I. Spinozismus ist Atheismus (…) V. Wir können nur Aehnlichkeiten demonstrieren; und jeder Erweis setzt etwas Erwiesenes zum voraus [sic!], wovon das Principium Offenbarung ist. VI. Das Element aller menschlichen Erkenntnis und Wirksamkeit, ist Glaube.«[86] Für Jacobi war Spinozas Rationalismus Atheismus. Die Kontroverse erfuhr innerhalb der deutschen Aufklärung breite Resonanz, da es schließlich um die Existenz Gottes, die Ewigkeit der Welt und die Beschaffenheit der Seele ging.[87]

Spinoza stammte aus einer jüdisch-portugiesischen Familie, die nach Pogromen auf der iberischen Halbinsel in die damals liberalen Niederlande ging. Da Spinoza seine jüdische Erziehung infrage stellte und sich in einem kirchenkritischen Umfeld voller Quäker, Mennoniten, Remonstranten und anderer religiöser Bewegungen aufhielt, wurde er 1656 aus der jüdischen Gemeinde ausgeschlossen. Nach seiner Exkommunikation wurde er ein anerkannter Optiker, was ihm fortan die Lebensgrundlage sicherte. Um als Jude und Kirchenkritiker nicht auf der Bühne europäischer Konfessionspolitik während des Dreißigjährigen Krieges aufzutauchen, erschienen seine Schriften beinah ausnahmslos anonym.

Der Atheismusvorwurf gegen Spinoza stützt sich vor allem auf zwei Elemente. In seinem persönlichen Umfeld wurde die Bibel in Lesekreisen gelesen. Diese Erfahrung begründete seinen Ansatz, die Bibel historisch-kritisch zu analysieren und zu deuten. Es genüge nicht, die Bibel ohne weiteres beim Wort zu

86 Scholz, Heinrich (Hg.): Die Hauptschriften zum Pantheismusstreit zwischen Jacobi und Mendelssohn, Berlin 1916, S. 173 ff.

87 Vgl. Gulyga, Arseni: Die klassische deutsche Philosophie. Ein Abriß, Leipzig 1990, S. 47 ff.

nehmen und als ewige Wahrheit auszugeben. Es sei vielmehr »nötig, eine getreue Geschichte der Schrift auszuarbeiten, um daraus als aus den sicheren Daten und Prinzipien den Sinn der Verfasser der Schrift in richtiger Folgerung abzuleiten.«[88] Bereits ein oberflächlicher Blick verrate dem Leser, dass »Geschichten und Offenbarungen (...) den größten Teil der Schrift«[89] ausmachen. Die Geschichten enthielten »hauptsächlich Wunder, d.h. Erzählungen von außergewöhnlichen Naturerscheinungen, welche den Anschauungen und Urteilen der Geschichtsschreiber angepaßt sind, die sie geschrieben haben«.[90] Spinoza schlägt infolgedessen eine Methode zur Textauslegung vor, die den zweiten Stein des Anstoßes bildet: »Um es kurz zusammenzufassen, sage ich, daß die Methode der Schrifterklärung sich in nichts von der Methode der Naturerklärung unterscheidet, sondern völlig mit ihr übereinstimmt.«[91] Das bedeutet für Spinoza, eine »Naturgeschichte« zu entwerfen, aus der man dann »als aus sicheren Daten die Definitionen der Naturdinge ableitet«.[92]

Die Grundlage für diese Konsequenz war sein mathematisch-pantheistisches Weltbild. Die Geschichte der Natur ist für ihn kausal-mechanisch nach Art der Geometrie (lat. *more geometrico*) gegliedert. In der *Ethik* (postum 1677 veröffentlicht) geht es vor allem um das Verhältnis zwischen Denken und Körper, daran anschließend um die Frage nach dem Verhältnis von Gott und Wirklichkeit. Spinoza wendet sich gegen die zeitgenössische Trennung von Denken und Körper: »Eine Idee, die die Existenz unseres Körpers ausschließt, kann nicht in unse-

88 Spinoza, Baruch: Theologisch-politischer Traktat, Hamburg 1994, S. 114f.

89 Ebd., S. 115.

90 Ebd.

91 Ebd., S. 114.

92 Ebd.

rem Geist sein, sondern ist ihm entgegengesetzt.«[93] Der Mensch sei zweierlei, körperliche Ausdehnung und Denken. Beides ist für Spinoza Ausdruck der unendlichen, unteilbaren und unabhängigen Substanz, kurz der Wirklichkeit, die unendlich viele Attribute haben kann.[94] Dadurch, dass der Mensch ein Attribut dieser Substanz sei, sei ihm die Möglichkeit gegeben, die Wirklichkeit zu erkennen. Sie sei aber nicht in all ihren Facetten, sondern nur in ihrer konkreten Ausgedehntheit, einem *modus*[95] einsehbar. An dem Apfelbaum in meinem Garten lassen sich etwa verschiedene Eigenschaften feststellen und wahrnehmen. Nun ist das Wesentliche dieses Baumes kein ihm innewohnender allgemeiner Kern, kein unkörperlicher Geist des Baumes, sondern dieser Baum ist nur Baum aufgrund seiner konkreten Eigenschaften wie Größe, Farbe der Blätter, Alter usw. Sie zeigen seine individuelle Gewordenheit an.[96] Diese Eigenschaften können voneinander getrennt und aus verschiedenen wissenschaftlichen oder ästhetischen Blickwinkeln betrachtet werden. Doch egal, wie auf den Baum zugegriffen wird, der ausgedehnte Körper bleibt derselbe.

Sein Vorgehen ist insofern materialistisch, als er andeutet, dass die materielle Wirklichkeit vorgibt, wie wir denken. Korrektes Denken verbürge wiederum, dass »die Ordnung und Verknüpfung von Ideen (…) dieselbe wie die Ordnung und Verknüpfung von Dingen«[97] sei. In dieser Hinsicht ist seine Philosophie idealistisch. Spinozas Ideen bleiben also doppelsinnig, da das Denken und die Inhalte der Wirklichkeit immer

---

93 Spinoza, Baruch: Ethik in geometrischer Ordnung dargestellt, Hamburg 2015, 3. Teil, Lehrsatz 10.

94 Vgl. ebd., Definition 3-6.

95 Vgl. ebd., Teil 1, Definition 5. Unter *modus* fasst Spinoza auch die geistigen Ideen von den ausgedehnten Dingen.

96 Vgl. ebd., Grundsätze IV.

97 Ebd., 2. Teil, Lehrsatz 7.

auch Teil, aber nicht Fundament des jeweils anderen sind. Die Grundlage für das Denken und die Dinge bleibt nämlich die Substanz, deren Ausdruck sie sind. Die Substanz kommt bei ihm jedoch nicht ohne ein Restverständnis von Gott aus, auch wenn dieser keine menschenähnlichen oder schöpfungstheologischen Züge mehr aufweist. Die Substanz sei zwar eine in sich gesetzmäßig verfasste, wirkende Struktur (lat. *natura naturans*) in der gesetzmäßig Bewirktes (lat. *natura naturata*) entsteht. Doch diese identifiziert Spinoza mit Gott, der »die immanente, nicht aber die übergehende Ursache aller Dinge«[98] sei. So ist in der streng wissenschaftlichen Wirklichkeit Spinozas letztlich doch alles göttlich bestimmt und ihre strenge Notwendigkeit der Beweis, dass es einen Gott geben muss.

4. Materialismus in der Frühen Neuzeit – Auf dem Weg zum Atheismus

Auf allen Ebenen begann in den Jahren zwischen 1500 und 1800 das Fundament der mittelalterlichen Gesellschaft zu bröckeln. Die Veränderungen vollzogen sich in einem bis dahin ungeahnten Tempo und markieren den fließenden Übergang zur Neuzeit, in dem Ökonomie, Politik, Recht, Wissenschaften, Technik und Religion in ganz Europa komplett umgewälzt wurden.

4.1. Der gesellschaftliche Rahmen der Philosophie in der Renaissance

Die Veränderungen sind die Folge der gesellschaftlichen Entwicklungen, in denen sich das gesellschaftliche Verhältnis des Menschen zur Natur immer mehr veränderte. Die künstlerisch-technischen Möglichkeiten potenzierten sich. Natur wurde

98 Ebd., 1. Teil, Lehrsatz 18.

beherrschbarer, was sich in einer ökonomischen Entwicklung niederschlug, die die weiteren gesellschaftlichen Fortentwicklungen bestimmte. Bahnbrechende Erfindungen, die bereits im Mittelalter bekannt waren, machten den Anfang: Neuartiges Pferdegeschirr aus China (11. Jahrhundert) erhöhte die Zugkraft der Nutztiere um das Fünffache; Wind- und Wassermühlen verbreiteten sich im 12. Jahrhundert und vereinfachten die Produktion von Lebensmitteln; die Erfindung der Turm- und Taschenuhr ermöglichte ab dem 11. Jahrhundert die Rationalisierung von Arbeitsprozessen; die Hochseeschifffahrt profitierte von der Verbesserung des Kompasses im 13. Jahrhundert; durch den orientalisch-okzidentalen Wissenstransfer konnte die Optik und mit ihr die Linsen nach Europa gelangen, was die Astronomie und Biologie zusätzlich verwissenschaftlichte; um 1400 veränderte die Erfindung des Schießpulvers nicht nur den Krieg, sondern ermöglichte die Vertiefung des Bergbaus.[99] Diese Erfindungen konnten ab dem 15. Jahrhundert zunehmend erfolgreich eingesetzt werden. Ein rentabler Warenaustausch mit der orientalischen Welt setzte beispielsweise eine effektive Schifffahrt und handwerkliche Verfeinerung der Lieferungen voraus. Insgesamt stieg die Produktivität, was den Siegeszug der Maschinenpraxis ab dem 15. Jahrhundert begründete. Die Technik erforderte eine andere Teilung der Arbeit: das Manufakturwesen blühte auf.

Die Wissenschaften traten ihren bis heute andauernden Gipfelsturm an, indem sie direkt in den Produktionsprozess eingespannt wurden und hieraus ihr Forschungsmaterial bezogen. Diese Entwicklung musste die Theologie zurückdrängen, wobei sich gleichsam ein mechanisch-naturwissenschaftliches Denken an deren Stelle setzte.[100] Die Maschine gab zusehends

99 Vgl. Holz, Hans Heinz: Problemgeschichte der Dialektik, Bd. 3, a. a. O., S. 84 f.

100 Vgl. ebd., S. 88 ff.

das Modell zur Erklärung der Welt und ihrer Prozesse. So konnte der Arzt William Harvey (1578–1657), der den Blutkreislauf entdeckte, das Herz als eine hydraulische Maschine beschreiben. Das Aufblühen der Wissenschaften sorgte für eine Hochphase von Erfindern, Ingenieuren, Künstlern, Naturforschern und Projektemachern, wobei sich die Professionen häufig in einer Person trafen. Das Werk Leonardo da Vincis (1452–1519) steht paradigmatisch für die Verschmelzung von Technik, Kunst und Naturbeherrschung. Doch die technischen Entwicklungen und naturwissenschaftlichen Entdeckungen konnten nur ihre durchschlagende Kraft entwickeln, weil die Ausbildung des Handels die Fortschritte der Technik positiv beeinflussen konnte. Der Austausch von Waren und Wissen mit der orientalischen Welt belebte den Fernhandel gerade im Bereich der Luxusgüter, etwa mit Gewürzen. Die Unternehmungen waren gefährlich, erforderten Versicherungen und Kapital, wofür z. B. die Kaufmannsfamilie der Medici in Florenz mithilfe ihrer *Banco Medici* häufig das Kapital bereitstellte. Die moderne Buchhaltung entstand und die Geldwirtschaft florierte bereits im 14. Jahrhundert. Es wurde berechnet, geliehen und getauscht; unterschiedliche Qualitäten mussten quantitativ bestimmbar werden. Welthandel entstand, der die Handelshäfen, vor allem in Italien, zu den Zentren der Renaissance machte. Der nordeuropäische Handelsraum zwischen England und Russland oblag unterdessen unangefochten der Hanse. In Belgien und im nördlichen Frankreich trafen der nord- und südeuropäische Handelsraum zusammen. Die allmähliche Herausbildung von Nationalstaaten tat den Handelsnetzen keinen Abbruch. Träger dieser Entwicklung ist der Großkaufmann, der mit seinen Investitionen die Richtung der Produktion de facto vorgibt, denn ohne sein Kapital, das die Warenströme offenhält, können die Manufakturen nicht produzieren. Ihrer Schlüsselrolle zusehends bewusst, beschränkte sich ihr Engagement nicht nur auf den Handel, sondern weitete sich auf die Ausbeutung der natürlichen Ressourcen und der manufakturellen Produktion von Handelsgütern aus.[101]

Die neuen gesellschaftlichen Konstellationen beförderten nicht nur ein gesteigertes Maß an Naturverbundenheit, sondern auch an Zuversicht, die sich am Diesseits und seinen Möglichkeiten orientierte. Der arbeitende Mensch, der sich in die unendliche Weite der Welt stürzt, um sie umzuwälzen, drängt zur Geltung. Aus europäischer Sicht noch unentdeckte Kontinente werden erschlossen und schließlich beherrscht. Dieser Prozess ging nicht spurlos an den Künsten vorbei, so zeigen die Bilder des Malers Jan van Eyck (um 1390–1441) die Ferne der Welt. Zugleich setzte sich die Zentralperspektive durch, was realistische Bildkompositionen ermöglichte, die der Seherfahrung entsprachen. Das einheitliche christliche Weltbild geriet ins Wanken, was Aberglauben, Mystik und kirchliche Abspaltungen stärkte und schließlich in die Reformation mündete. Zugleich konnte sich, wenn auch unter heftigen Anfeindungen, das heliozentrische Weltbild des Nikolaus Kopernikus (1473–1543) durchsetzen.

Die Konstellation von Kultur, Politik und Ökonomie machte Italien zur Speerspitze der Renaissance in Europa, wo ein neuerliches Interesse an der antiken Welt entstand. Die antik-römische Republik wurde beschworen und vom entstehenden Bürgertum und den Plebejern gegen das feudal-klerikale Patriziat eingesetzt.[102] Cola di Rienzo (1313–1354), italienischer Politiker, betrachtete sich z. B. als Tribun.

In Italien war die Antike in architektonischer oder bildhauerkünstlerischer Form zu sehen, wo sie auch in den Klosterbibliotheken noch vorhanden war. Aber nur wenige sprachen Altgrie-

101 Vgl. ebd., S. 90.

102 Vgl. Schulz, Knut: »Denn Sie lieben die Freiheit so sehr …« Kommunale Aufstände und Entstehung des europäischen Bürgertums im Hochmittelalter, Darmstadt 1995, S. 133 ff.

chisch. Die antiken Quellen waren immer durch ihre Übersetzer und Kommentatoren gefiltert. Vorsichtig wurde gegen Ende des 14. Jahrhunderts das Studium der altgriechischen Sprache belebt. Nachdem Konstantinopel 1453 an das Osmanische Reich gefallen war, kamen viele byzantinische Gelehrte nach Italien. Sie brachten Sprachkenntnisse und Unmengen an griechisch-antiken Manuskripten mit, die nun an den Universitäten Italiens eifrig studiert und diskutiert wurden.[103]

Auf den Schultern neuer sozialer Träger, vom Vormund der Theologie allmählich befreit und mit neuen Bezugspunkten in Geschichte, Wissenschaft und Technik ausgestattet, machte sich die Philosophie daran, »gegen die herrschende idealistische Scholastik schließlich das Experiment, die mathematische Physik und die wissenschaftliche Technik«[104] ins Feld zu führen.

4.2. Das Experiment – Galileo Galilei

Nachdem die Inquisition seinen Zeitgenossen Giordano Bruno für seine unerbittliche Parteinahme für das kopernikanische Weltbild in den Feuertod geschickt hatte, widerrief der Mathematikprofessor Galileo Galilei (1564–1642) die ketzerische Lehre des heliozentrischen Weltbilds im Jahre 1633. Doch trotz seines Widerrufs bekam er lebenslangen Arrest, der ihn u. a. von der Lehre und somit von der Verbreitung seiner Kenntnisse fernhielt.

Inhalt des Konflikts zwischen Kirche und Galilei war der behauptete Geltungsanspruch der mathematisch-wissenschaftlichen Erkenntnis, ohne Einschränkung wahr zu sein. Die Theologie als Instanz wahrhafter Welterklärung war bedroht. Da die Kirche die wissenschaftlichen Fakten nicht leugnen konnte,

---

103 Vgl. Kristeller, Paul Oskar: Acht Philosophen der italienischen Renaissance, Weinheim 1986, S. 138 f.

104 Ley, Hermann: Geschichte der Aufklärung und des Atheismus. Bd. 2/2, Berlin 1971, S. 512.

verlangte sie von Galilei, die Beweiskraft theologischer Aussagen den mathematisch-physikalischen zumindest gleichzustellen. Schließlich könne keine Wissenschaft allein beanspruchen, Gottes Wesen zu durchschauen. Diese Relativierung der Naturwissenschaften widersprach aber der Wissenschaftsgesinnung des dennoch frommen Galilei. Das vollkommene Werk Gottes sei, insistiert Galilei, durch den beschränkten Menschen weder durch den einen noch den anderen Weg durchschaubar, aber als Kinder Gottes sei es »uns wohl gestattet, den Bau des Weltalls forschend zu suchen«.[105] Es war nicht sein Anliegen, die Kirche einer Lüge zu überführen, sondern sie mithilfe der Forschung zu verbessern. Für ihn ist die Bewegung der Wirklichkeit gesetzmäßig nach den Plänen Gottes gegliedert. Um sie zu erkennen, muss also ihre bewegte Ordnung erkannt werden. Was uns Gewissheit über die Ordnung der Wirklichkeit gibt, seien aber nicht die theologisch interpretierten Worte Gottes, sondern die Worte der Wirklichkeit selbst, die Galilei sich wie ein Buch vorstellt: »Das Buch ist nicht zu verstehen, wenn man nicht zuvor die Sprache erlernt und sich mit den Buchstaben vertraut gemacht hat, in denen es geschrieben ist. Es ist in der Mathematik geschrieben, und deren Buchstaben sind Kreise, Dreiecke, und andere geometrische Figuren, ohne die es dem Menschen unmöglich ist, ein einziges Wort davon zu verstehen.«[106]

Die Wirklichkeit wird durch Galilei vor allem als zähl-, mess- und berechenbare verstanden. Die sinnliche Beobachtung der Natur, wie es in der Antike und im Mittelalter noch maßgeblich war, blieb zwar Grundlage, wurde aber als Beweisgrund hintangestellt. Ziel der naturwissenschaftlichen Tätigkeit ist es fortan, mathematisch formulierbare Gesetze zu entdecken, die nicht

105 Galilei, Galileo: Dialog über die beiden hauptsächlichen Weltsysteme, Leipzig 1891, Darmstadt 1982 (Neudruck), S. 485.

106 Galilei, Galileo: Il Saggiatore, zit. nach: Dorn, Matthias: Das Problem der Autonomie der Naturwissenschaften bei Galilei, Stuttgart 2000, S. 40.

ohne Weiteres sinnlich einsehbar sind. Den Weg zur Erkenntnis ebnet das Experiment. Mithilfe einer Fragestellung wird zunächst die Vermutung aufgestellt, dass bestimmte Ursachen für ein immer wieder auftretendes Phänomen verantwortlich sind. Einzelne Faktoren eines Zusammenhangs von denen angenommen wird, dass sie der Grund für das Phänomen sein könnten, werden fokussiert und isoliert. So ging Galilei vor, als er nachwies, dass eine gleichmäßig beschleunigte gradlinige Bewegung dann vorliegt, wenn Beschleunigung und Bewegungsrichtung konstant bleiben. Er musste hierfür zunächst von dem konkreten zu bewegenden Körper (z. B. einem fallenden Stein oder einer Holzkugel) abstrahieren. Diese Form der Analyse nennt Galilei die resolutive Methode. Während des eigentlichen Experiments wird gemessen, gezählt oder die Anordnung der möglichen Gründe verändert, bis sich schließlich im Experiment der Ursache-Wirkungs-Zusammenhang, wie vermutet wurde, wiederholt herstellt oder nicht. Das ist die sogenannte kompositive Methode, die dann erfolgreich war und zu einer wissenschaftlichen Erfahrung führt, wenn die richtige mathematische Darstellung des Untersuchungsgegenstands sich mit dem beobachteten Experimentverlauf deckt. Außerweltliche Gründe und Impulse sind hierbei vollständig ausgeschlossen.[107] Infolgedessen verbessern sich die Möglichkeiten, Mathematik in Technik um- und zur Beherrschung von Natur einzusetzen. Wissenschaft wird so zur Tätigkeit, die Welt umbaut, denn die Geheimnisse der Natur bieten sich nicht unmittelbar, sondern nur mithilfe von Mathematik und Technik dar. Erst mit einem Fernglas konnte Galilei zeigen, dass der Kosmos nicht etwa Schalenwelt, sondern grenzenlos ist.

Galileis Leistung bestand darin, die Wirklichkeit quantitativ-geometrisch zu betrachten: »Wo immer ich eine Substanz als

---

107 Vgl. Cassirer, Ernst: Substanzbegriff und Funktionsbegriff: Untersuchungen über die Grundfragen der Erkenntniskritik, Berlin 1910, S. 335 ff.

materiell oder körperlich bezeichne, fühle ich unmittelbar die Notwendigkeit, sie als begrenzt und in irgendeiner Weise als Gestalt zu denken; (…) Von diesen Bedingungen kann ich eine solche Substanz auch bei starker Anspannung meiner Vorstellungskraft nicht entlasten.«[108] Mathematische Verhältnisse, Funktionen und Strukturen formen von nun an die Materievorstellungen. Offenbarungswissen und -erfahrungen, die häufig mit wundersamen Erscheinungen und Erlebnissen begründet werden, haben keinen unmittelbaren Zutritt in diese mathematisch verfasste Wirklichkeit, die an Widerspruchsfreiheit, Objektivität und Praxis gebunden ist; der Wechsel naturwissenschaftlicher Erkenntnisse tastet diese Grundsätze indes nicht an. Den Weg zu dieser Erkenntnis geebnet zu haben macht Galilei zu einem der Gründungsväter des neuzeitlichen Wissenschaftsverständnisses.

4.3. Rationalismus und Empirismus – René Descartes und Francis Bacon

Galileis Wissenschaftskonzept ließ für die Philosophie ungeklärte erkenntnistheoretische Fragen zurück, auf die die Philosophie unmittelbar reagierte. Wie ist das Verhältnis zwischen forschendem Subjekt und zu erforschendem Objekt? Welche Annahmen sind in die Fragen an die Natur bereits eingeschlossen? Sind die möglichen Antworten bereits vorgegeben? Was macht den Forschenden so sicher, dass seine mithilfe von Technik gewonnenen Erkenntnisse wahr sind? Ist es die Technik, die betrügt? Oder ist es der streng logische Verstand, der unverrückbar anzeigt, was wahr ist? Zwei Antwortstrategien tun sich auf, der Rationalismus und der Empirismus. Ihren gemeinsamen Grund haben sie in der Suche nach der Rechtfertigung der Wahrheit unseres Wissens.

---

108 Galilei, Galileo: Il saggiatore, zit. nach: Pechmann, Alexander: Form/Materie, in: Sandkühler, Hans Jörg (Hg.): a.a.O., Sp. 723b.

Der Franzose René Descartes (1596–1650) präsentierte eine rationalistische Antwort. Das Soldatenleben führte Descartes, der aus dem Kleinadel stammte, während des Dreißigjährigen Krieges (1618–1648) durch Europa. 1619 lernte er u.a. die Prager Arbeitsstätte von Johannes Kepler (1571–1630) kennen. Schon der Titel seiner wirksamsten und 1637 anonym veröffentlichten Schrift zeigt, dass seine Philosophie sich hauptsächlich dem Geschäft der Erkenntnis und den Naturwissenschaften widmet. Er lautet *Discours de la méthode pour bien conduire sa raison et chercher la vérité dans les sciences, plus la Dioptrique, les Météores et la Géométrie qui sont des essais de cette méthode* (dt. *Abhandlung über die Methode, seine Vernunft gut zu gebrauchen und die Wahrheit in den Wissenschaften zu suchen, sowie die Lichtbrechung, die Meteoren und die Geometrie als Anwendungen dieser Methode*). Der Argwohn der katholischen Kirche war dieser Schrift sicher. Als die Kirche seine Schriften 1663 auf den Index setzte, begründete sie den Schritt damit, insbesondere die naturwissenschaftlichen Abhandlungen böten keinen Platz für Gott. Und tatsächlich gestand Descartes, »daß ich keine andere Materie der körperlichen Dinge anerkenne, als in jeder Weise teilbare, gestaltbare und bewegliche, welche die Geometer als Größe bezeichnen und zum Gegenstand ihrer Beweise nehmen, und daß ich in ihr nur diese Teilungen, Gestalten und Bewegungen beachte und nichts an ihnen als wirklich anerkenne, was nicht aus jenen Gemeinbegriffen, an deren Wahrheit man nicht zweifeln kann, so klar abgeleitet wird, daß es als mathematisch bewiesen gelten kann.«[109]

Die Außenwelt bestand für ihn aus ausgedehnten Sachen (lat. *res extensa*), die aufeinanderstoßen. Jede Bewegung sei also eine Ortsveränderung, ganz ohne dynamische Qualitätsveränderung. Es herrschen hier ausschließlich Ursache und Wirkung,

---

109 Buchenau, Artur (Hg.): Die Prinzipien der Philosophie, Leipzig 1922, Hamburg 1965 (Neudruck), S. 63.

nicht der Zweck einer übernatürlichen Kraft oder einer Weltseele. Sogar der menschliche Körper, meint Descartes, könne unter Absehung des Geistes mit einer Maschine verglichen werden: »Wenn ich ihn als eine Art Maschine betrachte, die aus Knochen, Nerven, Muskeln, Adern, Blut und Haut so eingerichtet und zusammengesetzt, daß wenn auch gar kein Geist in ihr existierte, sie doch genau dieselben Bewegungen hätte, die jetzt in ihm nicht durch die Herrschaft des Willens (...) erfolgen.«[110] Die Mechanik der Maschine ist demzufolge nicht mehr nur Maßstab für die Naturwissenschaften, sondern auch für die Philosophie, da sie jede Bewegung in der Außenwelt erklären könnte.

Gegen die maschinenartige Außenwelt trennte Descartes aber die Welt der denkenden Sache (lat. *res cogitans*) ab, die nicht durch Ausdehnung bestimmt sei. Die denkende Sache (modern: das Bewusstsein) komme nur beim Menschen vor. Ihren Einfluss auf Körper und Willen vermittelt in der Vorstellung Descartes' die »Zirbeldrüse« im Gehirn, die durch Flüssigkeiten das Sehen und die Muskelbewegungen und somit letztlich auch unsere Emotionen beeinflusse. Wenn die Wirklichkeit aber nicht mehr als Bewegungsabläufe sind, wozu dann noch die res cogitans? Die Natur kommt offensichtlich ohne sie aus.

Für Descartes ist die res cogitans zugleich der Ort der Gewissheit. Es wäre schließlich eine oberflächliche Anschauung, wenn wir die maschinelle Wirklichkeit einfach als wahr annehmen würden. Wer sagt uns, dass das, was Galilei durch sein Fernrohr sah, nicht eingebildet war? Für Descartes beginnt daher der Weg zur Wahrheit mit dem Zweifel. Es kann prinzipiell alles bezweifelt werden. Wie können wir etwa unseren Sinnen trauen? Ein Stock im Wasser erscheint dem Sehsinn gebrochen, dem Tastsinn hin-

110 Buchenau, Artur (Hg.): Meditationen über die Grundlagen der Philosophie. Mit den sämtlichen Einwänden und Erwiderungen, Leipzig 1915. Hamburg 1972 (Neudruck), S. 72 f.

gegen nicht. Der Zweifel kann aber noch weitergetrieben werden, kann gar die gesamte Existenz meinen. Alles, was wir zu wissen glauben, könnte doch auch Einbildung, Fiktion, Traum, Betrug oder schlicht falsch sein. Descartes kommt zu dem Schluss, dass beim Zweifeln nur eines nicht bestritten werden kann: der eigene Zweifel. Es sei das Ich – die Verschmelzung von res cogitans und res extensa –, das nicht bezweifelt werden kann. Das heißt für ihn, »daß in dem Satz: ›Ich denke, also bin ich‹ überhaupt nur dies mir die Gewißheit gibt, die Wahrheit zu sagen, daß ich klar einsehe, daß man, um zu denken, sein muß«.[111] Im Einzelnen kann geirrt, über eine Sache können unterschiedliche Meinungen geäußert werden, doch das Denken müsse auf Unbezweifelbares auch in der Dingwelt stoßen. Wir können falsch liegen bei der konkreten Größe, der Anzahl oder der Lage eines Gegenstands, »so ist doch stets 2 + 3 = 5, das Quadrat hat nie mehr als vier Seiten, und es scheint unmöglich, daß so augenscheinliche Wahrheiten in den Verdacht der Falschheit geraten können«.[112] Der Weg des abstrahierenden Denkens kann zu unbezweifelbaren, allgemeinen Eigenschaften der Dinge wie Länge, Breite und Höhe gelangen. Wir können von konkreten Eigenschaften absehen und das Konkrete zu geometrischen Figuren in einem unbegrenzten Raum und somit zu Gegenständen der Mathematik machen, die durch ihre Abstraktionen Gegenständliches ausdrückt. Ihre Wahrheit und methodische Strenge beziehe die Mathematik aus ihren eindeutigen, universell gültigen Definitionen, die solange gültig sind, wie es Menschen gibt. In diesem Sinne stimmen die getrennte res cogitans und res extensa wieder überein.

Auch Francis Bacon (1561 – 1626) wählte den Weg der Skepsis, doch nicht um die Gewissheit im Denken zu finden, sondern

---

111 Gäbe, Luder (Hg.): Discours de la méthode, französisch/deutsch, Hamburg 1997, S. 55.

112 Buchenau, Artur (Hg.): Meditationen über die Grundlagen der Philosophie. Mit den sämtlichen Einwänden und Erwiderungen, a. a. O., S. 14 ff.

den Verstand an der Empirie zu schärfen. Sich an der Empirie auszurichten, lag in seinen Berufen begründet. Als Diplomat, Jurist, Großsiegelbewahrer und Lordkanzler war die Politik sein Metier. Gerade als er 1621 Lordkanzler wurde, wurde er wegen Korruption angeklagt und vom Hof verbannt. Dem Kerker durch Gunst des Königs entronnen, nutzte er seine letzten Lebensjahre, um seine philosophischen Werke zu vollenden.

Er versuchte sich an einer Art Abriss der bisherigen und Aufriss der zukünftigen Wissenschaften, der *Instauratio magna scientiarum* (dt. *Große Erneuerung der Wissenschaften*), die er jedoch nicht fertigstellen konnte. Veröffentlicht wurden zu Lebzeiten zwei Teile, *De dignitate et augmentis scientiarum* (dt. *Über die Würde und Vermehrung der Wissenschaften*) und *Novum organon scientiarum* (dt. *Neues Organon der Wissenschaften*). Im Anhang befindet sich die Fragment gebliebene, technische Utopie *Nova Atlantis*, ein Science-Fiction-Roman der ersten Stunde. Hierin wird als reale Folge seiner Philosophie die Vervollkommnung der Technik gepriesen. Im institutionellen Bunde mit der Wissenschaft – den Gedanken einer Technischen Hochschule vorwegnehmend – soll die Technik das bestimmen und entwickeln, was dem Menschen nützt. *Nova Atlantis* stellt ein visionäres Portfolio der technischen Entwicklungen bereit. Sie »reichen von der Kunstdüngerherstellung, der Erzeugung synthetischer Nahrungsmittel und der Durchführung genetischer Manipulationen über die Entwicklung pharmazeutischer Produkte und der manufakturellen Fertigung von Papier, Leinen, Seide, Wollwaren, Farben etc., bis hin zur Erfindung von Mikroskopen, Fernrohren, Flugzeugen, Automaten«[113] und allerhand anderer Gerätschaften und Maschinen.

Was literarisch ausgeführt wird, hat seine philosophische Grundlage in der Erneuerung der Wissenschaften. Die mittel-

113 Saage, Richard: Bacon Neu-Atlantis, in: UTOPIE kreativ 93/1998, S. 67.

alterliche Wissenschaft sei in eine Sackgasse geraten, denn gerade hinsichtlich des Zugangs zur Natur stehen die Forscher »mit unzulänglichem Ansatz, mit geringem Erfolg«[114] da. Der Angriff zielte auf die mittelalterliche Scholastik, die es nun zu überwinden galt. Induktion statt Deduktion lautet daher der Fanfarenstoß Bacons. Er versucht, zwischen Tätigkeit und Verstand mittels der Technik ein neues Bündnis zur Erklärung der Natur zu schmieden, denn »durch unterstützende Werkzeuge wird die Sache vollendet; man bedarf ihrer nicht weniger für den Verstand als für die Hand.«[115] Erkenntnis kann für Bacon also weder aus dem Verstand noch einfach durch die handwerkliche Bearbeitung der Natur gewonnen werden, sondern nur durch groß angelegte Beherrschung derselben, durch manufakturelle Arbeit. Das bedeutet, dass die Wissenschaften die Gesetze der Natur erkennen sollen, um sie sich zunutze zu machen, »die Natur nämlich läßt sich nur durch Gehorsam besiegen«.[116]

Das Fundament hierfür bietet die Erfahrung durch Wahrnehmung. Der Verstand, der die Wahrnehmung verarbeitet, soll von Irrtümern freigehalten werden, für die er anfällig sei, denn dieser gleiche »einem Spiegel, der die strahlenden Dinge nicht aus ebener Fläche zurückwirft, sondern seine Natur mit der der Dinge vermischt, sie entstellt und schändet«.[117] Die vier wichtigsten Irrtumsquellen hat Bacon in seiner Lehre der Trugbilder festgehalten[118]:

- Die *idola tribus* (Trugbilder der Gattung Mensch) meinen den Anteil der beschränkten Sinnesorgane bei der Bildung von Vorurteilen und können im besten Falle durch technische Instrumente ausgeglichen werden;

114 Bacon, Francis: Novum Organum, Bd. 1, Hamburg 1990, S. 83.

115 Ebd., S. 81.

116 Ebd., S. 271.

117 Ebd., S. 101.

118 Ebd., S. 99 ff.

- die *idola specus* (Trugbilder der Höhle) meinen individuelle Befangenheiten, die sich durch Geschmack, psychologische Verfasstheit, Charakter usw. ergeben; der allgemein-wissenschaftliche Standpunkt setze ihre Überwindung voraus;
- die *idola fori* (Trugbilder des Marktes) meinen die oberflächlichen Abstraktionen unseres Alltagsverstandes, die einer Sprachkritik bedürfen;
- die *idola theatri* (Trugbilder des Schauplatzes) meinen die überlieferten Erkenntnisse der Denkschulen, die zu Dogmen geronnen seien und durch den wohlüberlegten Sturz von Denkautoritäten neutralisiert werden können.

Doch die Irrtümer sollen nicht einfach beseitigt, sondern müssen als Motor des wissenschaftlichen Fortschritts verstanden werden, denn »die Wahrheit [geht] eher aus dem Irrtum als aus der Verwirrung hervor«.[119] Umschifft der Verstand also diese Gefahren und kritisiert sich durch Erfahrungsabgleich immerzu, kann er nach Bacon unverstellten Zugang zur Natur erhalten. Um in die Natur einzugreifen, sollten die Ursachen und Wirkungen der jeweiligen Formen in der Natur herausgefunden werden. Auch wenn hier Mathematik kaum eine Rolle spielt, ist diese Natur also eine vollständig kausal gedachte, keine, die menschliche oder göttliche Zwecke kennt. Ihre Früchte sollen unter Wahrung ihrer Gesetze für den Menschen geerntet werden. Die frühbürgerlich-revolutionäre Zuversicht Bacons verkennt zwar die Janusköpfigkeit der Technik, ihre möglichen katastrophalen Folgen, steigert sich hier aber bereits zur späteren Aufklärung. Keine kosmische Ordnung oder ein Gottschöpfer hilft dem Menschen; das Glück des Menschen kann nur sein eigenes Werk sein, weshalb Bacon ihm zuruft: »Sei der Schmied des Glücks und nicht sein zudringlicher Freier.«[120]

---

119 Bacon, Francis: Novum Organum, Bd. 2, Hamburg 1990, S. 361.

120 Zit. nach: Bloch, Ernst: Leipziger Vorlesungen zur Philosophie der Geschichte, Bd. 2, Frankfurt/Main 1985, S. 191.

4.4. Die französische Aufklärung

Der Aufstieg des Bürgertums vom Ende des Dreißigjährigen Krieges bis zur Französischen Revolution war zwar getragen vom radikalen Optimismus seiner Intelligenzija, doch ein steiniger und häufig blutiger Weg, der in Europa national unterschiedlich verlief. In Großbritannien entstanden z. B. in Folge mehrerer Bürgerkriege und der Glorious Revolution (1688) stabile politische Verhältnisse. Der Adel konnte sich behaupten, verlor weder seine politische (das House of Lords, das Oberhaus des britischen Parlaments, ist bis heute erhalten und hoch angesehen) noch ökonomische Macht. Stattdessen teilte er von nun an große Teile seiner politisch-ökonomischen Verfügungsgewalt mit dem Bürgertum, das sogar in den Adel aufsteigen konnte. Die Fortentwicklung der Produktivkräfte war somit, auch durch Ausweitung der See- und Kolonialherrschaft, kaum in Gefahr. Jenseits des Ärmelkanals lagen die Verhältnisse anders.

Die Zentrierung der Macht durch Ludwig XIV. (1638–1715) machte große Teile des Adels und des Bürgertums abhängig vom Hofe. Auch hier konnten sich reiche Bürger Ämter kaufen und zum Amtsadel nobilitieren lassen, was Bürgertum und Erbadel miteinander ausgleichen sollte. Dieses Gleichgewicht kam jedoch ins Wanken, als der zwar rentable Überseehandel Geld in die Kassen des Staates spülte, doch dieses durch die expansive Kriegspolitik (z. B. bedingt durch den Siebenjährigen Krieg von 1756 bis 1763) wieder aufgezehrt wurde. Die Binnenwirtschaft war vornehmlich agrarisch und nicht manufakturell oder gar industriell geprägt. Die Versorgung der Bevölkerung war so zwar immens vereinfacht, die agrarische Struktur stand aber doch einer Modernisierung im Wege. Die Versuche, die fiskalischen Defizite wieder auszugleichen, verschlimmerten die politische Lage, z. B. wurde der Verkauf von Ämtern intensiviert. Ein reicher Bürger konnte durch Ämterkauf Steuerpächter werden, wobei ihm die Freiheit gewährt wurde, das ihm unterstellte Gebiet rücksichtslos auszubeuten. Der Staat entzog sich der Aufgabe, Steuern einzutreiben, verpasste es zudem, den Erlös des Ämterkaufs rentabel einzusetzen. So wurde zwar im Rahmen des Versuchs, einen einträglichen Außenhandel mit Luxusgütern aufzubauen, die Infrastruktur umfänglich modernisiert, indem etwa das Straßen- und Kanalwesen verbessert und durch eine flächendeckende Verwaltung die inländischen Zollbeschränkungen weitestgehend beseitigt wurden. Es gelang jedoch nicht, die Erträge nachhaltig zu verwalten, da sie weiterhin in Außenpolitik verheizt wurden. Das hatte zur Folge, dass Teile des reichen Bürgertums die erbadlige Vorherrschaft de facto aushöhlten. Andere Teile blieben außen vor, so etwa die protestantischen Hugenotten, die, ökonomisch potent, aus konfessionellen Gründen 1685 aus Frankreich vertrieben wurden. Andererseits trafen die Maßnahmen vor allem die ländliche Bevölkerung am härtesten. Kleinadlige, niedere Kleriker und Bauern mussten die Pachtlasten tragen, ohne hierfür ökonomisch gerüstet zu sein.

Die Intelligenzija der Frühaufklärung prangerte die sozialen Missstände nicht an. Mit ihrer neugewonnenen Autonomie widmete sie sich vor allem der Verbreitung von innovativem Wissen. Aufklärung ist in diesem Sinne immer Erziehung zum Gebrauch des Denkens, Einsatz des Denkens zur Vermehrung des Wissens der Menschheit und später Herstellung der Verhältnisse, die das ermöglichen. Diese Ausrichtung liegt vornehmlich in der veränderten sozialen Lage der Gelehrten begründet. Als der Buchdruck sich im 15. Jahrhundert durchsetzte, konnte sich das verfügbare Wissen auf breitere Bevölkerungsschichten ausdehnen als bisher. Die Bibliotheken konnten ihre Bestände erweitern, die Wissenschaftler waren weniger auf die Universitäten und ihre mündliche Wissensvermittlung angewiesen, was sie zunehmend dem kirchlichen Zugriff entzog. Doch das erzeugte andere Abhängigkeiten, denn es entstand ein Buchmarkt, ein Gefüge aus Verlegern und Buchhändlern, in dem der Absatzdruck regierte und die Zensur durch staatliche Behörden auf den Plan rief.[121] Viele Autoren sahen sich aufgrund letzterer häufig veranlasst, ihre Bücher im Ausland und anonym zu veröffentlichen.

Progressive Philosophie entstand infolgedessen weniger in angestammten Institutionen wie der Universität, sondern ab dem 18. Jahrhundert in einer entstehenden intellektuellen Öffentlichkeit,[122] die sich aus wohlhabenden Bürgern und Adeligen zusammensetzte und sich in literarisch-philosophischen Salons, Lesegesellschaften, Freimaurerlogen mit Verbindungen zur höfischen Welt organisierte und ihre Ideen zirkulieren ließ.[123]

Ein herausragender Kulminationspunkt dieser Konstellationen war die *Encyclopédie ou Dictionnaire raisonne des sciences, des arts et des metiers* (dt. *Enzyklopädie oder ein durchdachtes Wörterbuch der Wissenschaften, Künste und Handwerke*). Sie erschien zwischen 1751 und 1780 in 35 Bänden mit mehr als 71.000 Artikeln, die von 142 Autoren geliefert wurden. Hierin sollte in lexikalischer Ordnung – die bis heute Vorbild der Enzyklopädien ist – das gesamte Wissen der Menschheit zusammenhängend gespeichert und für zukünftige Generationen zugänglich gemacht werden. Dieses Wissen ist hierfür in drei Hauptgruppen eingeteilt: Wissenschaften, freie Künste und mechanische Künste, wobei gerade die Verbreitung des technischen Wissens ein Novum darstellte.

Das Projekt wurde immer wieder durch politische Schwierigkeiten aufgehalten. Die katholische Kirche setzte es auf den Index, die Zustimmung des Hofes war schwankend und den politischen Ereignissen unterworfen. Gegen Denis Diderot

---

121 Vgl. Giesecke, Michael: Buchdruck in der frühen Neuzeit, Frankfurt/Main 1998.

122 Vgl. Habermas, Jürgen: Strukturwandel der Öffentlichkeit. Untersuchungen zu einer Kategorie der bürgerlichen Gesellschaft, Frankfurt/Main 1990.

123 Vgl. Schön, Erich: Geschichte des Lesens, in: Franzmann, Bodo et al. (Hgg.): Handbuch Lesen, Baltmannsweiler 2006, S. 1 ff.

(1713–1784) – einen der Herausgeber neben D'Alembert (1717–1783) (bis 1758), Louis de Jaucourt (1703–1779) und Jean-Baptiste Robinet (1735–1820) – drohten mehrere Haftbefehle erlassen zu werden. Dennoch wurde die *Encyclopédie* ein verlegerischer Erfolg. Sie gewann 4.000 Subskribenten, musste mehrfach nachgedruckt werden und fand letztlich in ganz Europa Verbreitung.

4.5. Atheistischer Materialismus – Julien Offray de La Mettrie und Paul-Henri Thiry d'Holbach

Während es in allen vorherigen materialistischen Philosophien Versöhnungstendenzen mit der Theologie, der Scholastik oder dem Idealismus gab, entstanden im Rahmen der Aufklärung radikal-materialistische Philosophien, in denen die wissenschaftlichen Erkenntnisse und gesellschaftlichen Entwicklungen zusammenkamen. Die Mechanik war zwar durch Galilei, Descartes und Bacon zum philosophischen Allgemeingut geworden, aber es war vor allem Voltaire (1694–1778), der die Mechanik Isaac Newtons (1643–1727) in Frankreich verbreitete und vereinfachte, indem er sie zur Grundlage der gesamten Wirklichkeit erklärte.[124]

Daran anknüpfend, entwickelte der französische Arzt Julien Offray de La Mettrie (1709–1751) seinen Materialismus. Als scharfer Kritiker seiner Umgebung nahm er kein Blatt vor den Mund und kritisierte die zweifelhaften Methoden seiner Kollegen mit aller Härte. Als seine Werke verboten wurden, floh er in die liberalen Niederlande. Hier verfasste er 1748 sein Werk *L'homme machine* (dt. *Der Mensch eine Maschine),* das ihn, wenngleich anonym veröffentlicht, sogar dort zur *persona non grata* werden ließ. Er folgte schließlich einer Einladung Fried-

124 Vgl. Wahsner, Renate; Borzeszkowski, Horst-Heino: Voltaire und Newton. Zur Begründung und Interpretation der klassischen Mechanik, Berlin 1980, S. 41 ff.

rich II. (1712–1786) ins Potsdamer Schloss Sanssouci, wo er dessen Leibarzt und Vorleser wurde, ein Werk über Ethik verfasste und schließlich an einer zu schnell verschlungenen oder verdorbenen Pastete starb.

La Mettrie entwickelte in seinem kleinen Band *L'homme machine* einen rein innerweltlichen Materialismus, den er vom Spiritualismus unterscheidet: »Ich führe die Systeme der Philosophen über die Seele des Menschen auf zwei zurück. Das erste und zugleich das älteste ist das System des Materialismus; das zweite ist das des Spiritualismus.«[125] La Mettrie entschied sich für den Materialismus. In Bezug auf sein Hauptthema, den menschlichen Körper, bedeutet das: »Der menschliche Körper ist eine Maschine, die selbst ihre Triebfedern aufzieht – ein lebendes Abbild der ewigen Bewegung.«[126] Im Grunde werden diese Triebfedern für ihn durch das Wechselspiel von Ursache und Wirkung in Bewegung gehalten, dessen Mechanismen durch Erfahrung und Beobachtung erforscht werden sollen: »Geschieht es nicht mechanisch, daß sich die Poren der Haut im Winter schließen, damit die Kälte nicht in das Innere der Gefäße eindringt? Daß sich der durch Gift, eine gewisse Menge Opium, Brechmittel aller Art etc. gereizte Magen widersetzt?«[127] Das ist Descartes entlehnt, doch benötigt La Mettrie keine geistige Substanz: »Ich halte das Denken für so wenig unvereinbar mit der organisch aufgebauten Materie, daß es ebenso eine ihrer Eigenschaften zu sein scheint wie die Elektrizität, das Bewegungsvermögen, die Undurchdringlichkeit, die Ausdehnung etc.«[128] La Mettrie will den Menschen ganz aus sich heraus erklären und entfaltet somit die erste vollständig atheistisch-materialistische Philosophie, die

125 La Mettrie, Julien Offray de: Die Maschine Mensch, französisch-deutsch, Hamburg 1990, S. 21.

126 Ebd., S. 35.

127 Ebd., S. 103.

128 Ebd., S. 125.

davon ausgeht, dass die Materie sich nur immanent bewegt. Es gibt hier nicht mehr den Anspruch, Gott zu beweisen. Geist ist nur eine besondere Funktion des Gehirns, den es nur im Menschen gibt.

Warum sich die Materie bewege, können wir laut La Mettrie jedoch nicht beantworten. Der Grund müsse uns unbekannt bleiben, da die Natur noch nicht restlos erforscht sei. Sie restlos zu erforschen bedeute jedoch, dass die Mechanik aller Phänomene gefunden werden müsste. Daran schließen sich einige Fragen an: Sicher können wir einige Wirklichkeitssegmente mechanisch erklären, doch verstehen wir so Erscheinungen wie den Staat? Gibt es eine Mechanik des Staatswesens? Die Erschaffung eines universellen Mechanizismus schlägt dann auch bei La Mettrie in Borniertheit um: »Rohes Fleisch macht die Tiere wild; durch die Nahrung würden die Menschen es auch. Diese Wildheit erzeugt in der Seele Hochmut, Haß, Verachtung anderer Nationen, Uneinsichtigkeit und andere Gefühle, die den Charakter verderben.«[129] Dieses Problem offenbart die Schwäche der Konzeption. Seine universellen Prämissen binden sich so stark an die Erkenntnisse der Wissenschaften seiner Zeit, dass sie hinfällig werden, wenn jene neue Gegenstandsbereiche erschließen und darin neue Gesetzmäßigkeiten erkennen.

Paul-Henri Thiry d'Holbach (1723–1789) knüpfte an La Mettries Überlegungen an. Er zog aber den Kreis seiner Überlegungen weiter, indem er die gesamte Natur unter dem materialistischen Gesichtspunkt systematisierte und den Menschen in der ihn umfassenden Natur verankern wollte.

Als ursprünglich deutscher Baron lebte er als Privatgelehrter in Frankreich und führte einen literarisch-philosophischen Salon, in dem die Intelligenz Frankreichs zusammenkam. Er schrieb eine Reihe naturwissenschaftlich-technischer Beiträge für die *Encyclopédie* und verfasste zahlreiche Schriften über Mo-

---

129 Ebd., S. 35.

ral, Religion, Politik und Naturphilosophie. Sein zunächst unter falschem Namen veröffentlichtes zweibändiges Hauptwerk *Système de la Nature* (1770) erregte einige Aufmerksamkeit, wurde noch im Jahr ihres Erscheinens verbrannt und provozierte eine Reihe von Gegenschriften.

In seinem magnus opum beschreibt Holbach den Kosmos folgendermaßen: »Das Universum, diese große Vereinigung alles Existierenden, zeigt uns überall nur Materie und Bewegung: seine Gesamtheit zeigt uns nur eine unermeßliche und ununterbrochene Kette von Ursachen und Wirkungen.«[130] Holbach sieht, dass die Natur aus verschiedenen Bereichen besteht, die miteinander verknüpft sind und aufeinander wirken: »Die verschiedenen Systeme der Dinge (…) hängen von dem Hauptsystem ab (…). Sehr mannigfaltige und in unendlich verschiedener Weise miteinander verbundene Stoffe erhalten und vermitteln unaufhörlich unterschiedliche Bewegungen. Die verschiedenen Eigentümlichkeiten dieser Stoffe, ihre verschiedenen Verbindungen, ihre notwendig daraus folgenden so mannigfaltigen Wirkungsarten machen für uns das Wesen der Dinge aus, und aus diesem unterschiedlichen Wesen ergeben sich die verschiedenen Ordnungen, Stufen und Systeme, die diese Dinge einnehmen, deren Gesamtsumme das ist, was wir die Natur nennen.«[131] Unter Natur versteht er also nicht nur den Bereich, den die physikalisch-mathematischen Naturwissenschaften abdecken. Sie sei kein »Haufen toter, eigenschaftsloser, rein passiver Stoffe«.[132] Zur Natur gehören ebenso das Denken und die Gesellschaft. Das zeige schließlich der moralische Mensch, der als Materie nun einmal ein Bewusstsein von ihr habe.

130 d'Holbach, Paul-Henri Thiry: System der Natur oder von den Gesetzen der physischen und der moralischen Welt, Frankfurt/Main 1978, S. 23.

131 Ebd., S. 23 f.

132 Zit. nach: Plechanow, Georgi: Beiträge zur Geschichte des Materialismus, Berlin 1957, S. 17.

Diese seine Weltsicht basiert auf einer Erkenntnistheorie, die dem Bürgertum zuarbeiten möchte und die Empfindung zu ihrem Zentrum macht. Das Denken ist für Holbach Folge der Empfindungsfähigkeit des Menschen. Der Mensch lerne die ihm umgebende Welt nur durch seine Empfindungen kennen: »Jede *Empfindung* ist also nur eine unseren Organen mitgeteilte Erschütterung; jede *Wahrnehmung* ist Fortsetzung dieser Erschütterung bis zum Gehirn; jede *Idee* ist das Bild des Gegenstandes, von dem die Empfindung und die Wahrnehmung ausgehen.«[133] Die Dinge in der Welt zeigen uns, also unseren Sinnen, einige ihrer Qualitäten. Wir entscheiden, ob sie uns gefallen oder missfallen, und schließen daraus, ob sie für uns nützlich, gut oder schlecht sind. Tugend, Laster, Lust und Schmerz entspringen also den Dingen in der Welt und geben das Maß für das Verhalten zu anderen Menschen an. Was anderen gut tut, sollte uns Lust bereiten. Deshalb sollten wir ein moralisches Verhalten anstreben, das nicht von der Religion vorgegeben wird, sondern sich der zwischenmenschlichen Praxis zum Wohle aller verpflichtet fühlt. Demzufolge seien die gesellschaftlichen Institutionen nicht nach göttlichen, sondern moralisch-nützlichen Vorgaben einzurichten, wofür die kirchlichen entmachtet werden sollen.

5. Materialismus im 19. und 20. Jahrhundert – Vom französischen zum historisch-dialektischen Materialismus

Der französische Materialismus entpuppte sich als ideelle Vorbereitung der Französischen Revolution, da er dank seiner Wissensbreite in den Naturwissenschaften, der Technik und

133 d'Holbach, Paul-Henri Thiry: a.a.O., S. 96.

der Kunst kombiniert mit politisch-pädagogischem Anspruch als bürgerliche Weltanschauung auftrat. Er lieferte durch die Umwälzung des gesamten bisherigen Wissens das theoretische Rüstzeug für das aufstrebende Bürgertum und trat mit ihm einen kulturpolitischen und weltanschaulichen Siegeszug an, der den Kapitalismus hervorbrachte und hierfür die christliche Religion endgültig aus ihrer gesellschaftstragenden Rolle zu verbannen versuchte.

5.1. Materialismus im Ausgang der Französischen Revolution

Der Durchbruch des Materialismus verlief in der Französischen Revolution jedoch widersprüchlich. Die atheistischen Konsequenzen, die in den Wissenschaften zunehmend Verbreitung fanden, konnten sich kulturpolitisch nicht durchsetzen. Es wurden zwar viele Kirchenhäuser in *Tempel der Vernunft* umgewandelt und die Teile des Klerus, die sich nicht der Revolution anschlossen, entmachtet und verfolgt. Doch das führte nicht zur gesamtgesellschaftlichen Durchsetzung des Atheismus. Vielmehr blieb die christliche Kirche stark und war ein Sammelbecken der konterrevolutionären Opposition, da der Vormarsch des Atheismus religiöse Affekte erzeugte, die sich gegen die Revolution richten ließen.

Die Jakobiner reagierten nach ihrer Machtergreifung im Jahre 1793 auf diese Spannungen, indem sie zivilreligiöse Feste und Kulte einführten. Jeder zehnte Tag des Revolutionskalenders sollte ein Fest der Vernunft sein. Die ideologische Grundlage hierfür bildeten vor allem deistische Positionen unter den Jakobinern. Dem Deismus zufolge hat Gott zwar die Welt erschaffen, ihre Bewegung angestoßen, aber dann ihr den Rücken zugekehrt und die Menschen ihrem Schicksal überlassen. Die hierfür häufig verwendeten Bilder ließen sich in einen mechanisierten Materialismus integrieren: Gott als Uhrmacher, die Welt als Uhrwerk. Uneinigkeit bestand nur in der

Frage, ob Gott nicht hin und wieder seine defekte Uhr reparieren oder sie aufziehen müsse, um die Bewegung am Laufen zu halten.[134]

Nachhaltiger Erfolg blieb den deistisch inspirierten Kulten verwehrt; die rationalistischen Feste wurden nicht angenommen. Maximilien de Robespierre (1758–1794) versuchte im November 1793, den eingeschlagenen Kurs zu korrigieren. Er brandmarkte den stark atheistischen *Kult der Vernunft* als aristokratisch.[135] Er sprach sich für die freie Religionsausübung aus, die nach seinem Sturz in die verfügte Trennung von Staat und Kirche mündete.

Östlich des Rheins blieben hingegen zur gleichen Zeit die revolutionären Umwälzungen der Gesellschaft weitestgehend aus. Die hierfür notwendigen politisch-ökonomischen Bedingungen waren nicht vorhanden. Es mangelte an einem starken, selbstbewussten Bürgertum, das mithilfe seiner Bündnispartner den feudalen Strukturen die Stirn hätte bieten können. Auch boten die vielfach zergliederten Staaten des Heiligen Römischen Reichs Deutscher Nation (bis 1806) nicht den Rahmen für eine bürgerliche Revolution. Vielmehr schweißten die Revolutionskriege (1792–1808) und die daran anschließenden Befreiungskriege (1808–1815) einen Großteil der europäischen Fürstentümer zur antifranzösischen und damit auch antirevolutionären Front zusammen.

Das hatte Effekte auf die deutsche Aufklärung. Fand sie bereits vor der Französischen Revolution keinen breiten Halt im deutschen Kleinstaatenmosaik, so gelang ihr nach der Französischen Revolution nur partiell der Weg in die politische Wirklichkeit.

---

134 Vgl. Dellian, Ed (Hg.): Samuel Clarke. Der Briefwechsel mit G.W. Leibniz von 1715/16, Hamburg 1990, S. 10f.

135 Vgl. Losurdo, Domenico: Hegel und das deutsche Erbe. Philosophie und nationale Frage zwischen Revolution und Reaktion, Köln 1989, S. 87.

5.2. Der Deutsche Idealismus und der französische Materialismus

Doch dieser Umstand erlaubte den deutschen Theoretikern immerhin die breitangelegte Reflexion der Französischen Revolution. Der Deutsche Idealismus, mit seinen philosophischen Hauptvertretern Immanuel Kant (1724–1804), Johann Gottlieb Fichte (1762–1814), Friedrich Wilhelm Joseph Schelling (1775–1854) und Georg Wilhelm Friedrich Hegel (1770–1831), allesamt Universitätsprofessoren, gewann einen Großteil seiner Ideen aus der Aufklärung in Frankreich und England sowie der Französischen Revolution. Die Genannten sympathisierten mit bestimmten Phasen und Persönlichkeiten der Revolution oder wurden mit ihnen in Zusammenhang gebracht. So sah sich Fichte als Philosoph in der Tradition der Jakobiner, Kant wurde als ideelle Ergänzung zu den Vorgängen in Frankreich betrachtet.[136]

Trotz erheblicher Differenzen in ihren Philosophien begutachten alle den französischen Materialismus argwöhnisch. Für Kant gleicht er einem Fatalismus, der die Vernunft beschränke. Fichte und Schelling erklärten ihn sogar für undurchführbar.[137] Hegel hingegen verwirft den Materialismus nicht insgesamt. Er erkennt nicht nur seine Hebelwirkung in der Französischen Revolution, sondern teilt auch seinen erkenntnistheoretischen Anspruch, d. h. »die Gegenstände, die äußere und innere Natur, überhaupt das Objekt, was es an sich (…) sei«[138], zu erfassen. Er moniert jedoch, dass der Materialismus dabei das entscheidende subjektive Moment der Theoriebildung vergesse: das Denken. Er gehe unbefangen vor, also »noch ohne das Bewußtsein des

136 Vgl. ebd., S. 156.

137 Vgl. Sandkühler, Hans Jörg: Materialismus, in: ders. (Hg.): a. a. O., Sp. 1507.

138 Hegel, Georg Wilhelm Friedrich: Enzyklopädie der philosophischen Wissenschaften, in: Werke, Bd. 8, Frankfurt/Main 1970, § 22 Zusatz (im folgenden zit. HW).

Gegensatzes des Denkens in und gegen sich«, und enthalte so »den *Glauben* (...), daß durch das *Nachdenken* die *Wahrheit erkannt*, das, was die Objekte wahrhaft sind, vor das Bewußtsein gebracht werde.«[139] Der französische Materialismus gelange im Grunde nicht über die von ihm kritisierte Religion hinaus, fühlt er sich doch schon befriedigt, wenn ihm seine Ideen plausibel erscheinen. Die Überprüfung seines Denkens an der Wirklichkeit komme ihm nicht in den Sinn. Infolgedessen erkenne er auch nicht, dass es nur Gedanken, Gefühle oder Anschauungen über die Wirklichkeit sind, die er schon für die Wirklichkeit selber hält. Das seien aber nur schlechte Prinzipien, ein mangelhaftes »Bewußtsein über die Sache«, weil gerade hier »die Sache oft besser als das Bewußtsein«[140] sei.

5.3. Der objektive Idealismus Hegels

Wie Denken und Wirklichkeit in angemessene Übereinstimmung zu bringen sind und wie das Denken mit der Wirklichkeit zusammenhängt, ist eine der zentralen Fragen der Philosophie Hegels. In der *Phänomenologie des Geistes* (1806) umreißt er den historischen Weg und die ihn begleitenden Formen und Gesetzmäßigkeiten des kollektiv-kulturellen Bewusstseins der Wirklichkeit und seiner selbst hin zur Wissenschaftlichkeit. Hegel beginnt bei der sinnlichen Gewissheit unseres Alltagsverstandes und endet bei den höchsten Formen einer Kultur. Diese sind für ihn in aufsteigender Reihenfolge: Kunst, Religion und Philosophie. In der Kunst schaue sich das Bewusstsein sein Verhältnis zur äußeren Wirklichkeit mittels der Beschaffenheit des konkreten einzelnen Kunstwerks an. Die Form des Kunstwerks zeige, wie der Kunstschaffende seine Sicht auf die Welt materialisiert. In der Religion hingegen projiziere das Bewusstsein sein

---

139 HW 8, §26.

140 Zit. nach: Hoffmeister, Johannes: Dokumente zu Hegels Entwicklung, Stuttgart 1936, S. 362.

Idealbild von sich und der äußeren Welt in einen Gott, der als vom Menschen verschieden vorgestellt wird. Die Philosophie als Wissenschaft von der Entwicklung und Geltung des Begriffs erhält bei Hegel die höchsten Weihen. Im entwickelten Begriff treffe sich die Wirklichkeit mit dem Denken, wird die sogenannte Identität von Denken und Sein wiederhergestellt, die schon bei der sinnlichen Gewissheit gegeben sei. Es wird dem Gedächtnis klar, wie es Wissen über etwas Bestimmtes gewonnen habe: »In dem [gewonnenen] Wissen [über einen Gegenstand] hat also der Geist die Bewegung seines Gestaltens beschlossen, insofern dasselbe mit dem unüberwundnen Unterschiede [dem Gegenstand des Wissens] des Bewusstseins behaftet ist.«[141] Wissen sei dann generiert, wenn wir einen Gegenstand, ein Objekt oder einen Sachverhalt verstehen, indem wir etwas über ihn gelernt haben. Was wir anfangs hinnahmen, habe sich im Laufe unserer Untersuchung für uns verändert, und so verändert sich auch der Gegenstand in unserem Denken. Etwas Wahres lernen, heißt also bei Hegel mehr, als im üblichen Sinne zu definieren. Für ihn sei »der Widerspruch (…) die Regel für das Wahre«.[142] Was heißt das? Ist die Wahrheit nicht dann getroffen, wenn eine Sache und mein Denken über sie frei von Widersprüchen ist? Üblicherweise leistet eine einfache Definition genau dies, indem sie das Dasein eines Gegenstands widerspruchsfrei beschreibt. Doch erweckt dies den Schein, der gemeinte Gegenstand wäre in sich ruhig und verharrend. Das Recht könnte etwa als Gesamtheit aller gesetzlichen Regelungen und Bestimmungen definiert werden. Daran wäre nichts falsch. Doch das reicht Hegel nicht. Wir verstehen eine Sache nur dann angemessen, wenn wir am Gegenstand die Besonderheiten hervorheben, die es zu

141 Hegel, Georg Wilhelm Friedrich: Phänomenologie des Geistes, Hamburg 1988, S. 528.

142 Neuser, Wolfgang (Hg.): Hegel. Dissertatio philosophica de orbitis planetarum: Philosophische Erörterung über die Planetenbahnen, Weinheim 1987, S. 74f.

diesem Gegenstand gemacht haben und dafür sorgen, dass dieser auch wieder zugrunde geht, in der Sprache Hegels: wenn wir den Widerspruch, also »das Andere seiner selbst«[143], gezeigt haben. Nur durch die Veränderung und Verwandlung seiner selbst und die hierfür im Gegenstand angelegten Gründe, also kurz, nur durch die Geschichte dieses Gegenstands verstehen wir ihn korrekt. Es reicht also nicht, das Recht aus bestehenden Gesetzen abzuleiten, sondern es soll untersucht werden, warum Recht in welcher Form entsteht, aber auch vergeht und wie es sich von anderen Gegenständen, wie Moral, unterscheidet.

In der *Wissenschaft der Logik* (1812/1816) untersucht Hegel die Formen und Gesetze, denen das tätige menschliche Bewusstsein und die sich entwickelnde äußere Wirklichkeit gleichermaßen unterliegen. Die Untersuchung ist also der Funktionsweise und Struktur des Denkens als solchem gewidmet: »Die Logik ist sonach als das System der reinen Vernunft, als das Reich des reinen Gedankens zu fassen.«[144] Hat der Mensch auch diesen Weg erfolgreich beschritten, indem er die Methode des reinen Denkens erworben hat und nun beherrscht, so hat er sich selbst, seine Geschichte und die Wirklichkeit begriffen. Was dann folgt, sei nur noch die Anwendung der reinen Logik auf andere Wissensbereiche: »Das Interesse der übrigen [philosophischen] Wissenschaften ist dann nur, die logischen Formen in den Gestalten der Natur und des Geistes zu erkennen, Gestalten, die nur eine besondere Ausdrucksweise der Formen des reinen Denkens sind.«[145] Wer die reine Logik begreife, kann erkennen, dass sie »*die Darstellung Gottes* ist, *wie er in seinem ewigen Wesen vor der Erschaffung der Natur und eines endlichen Geistes ist*«.[146] Der Mensch erkenne nun, dass er nicht Kind Gottes, sondern dank

143 HW 8, § 92 Zusatz.

144 HW 5, S. 44.

145 Ebd., § 24 Zusatz 2.

146 Ebd.

seiner Wissenschaften Gott sei. Höher kann vom Menschen kaum gesprochen werden, doch bleibt Hegels Philosophie im Gleisbett des Idealismus. Woher das reine Denken kommt und warum es so und nicht anders geworden ist, sagt Hegel nicht. Es wird zwar im Menschen lokalisiert und hat eine Geschichte. Dennoch bleibt unklar, ob die logischen Formen nicht auch ohne den Menschen irgendwo existieren könnten.

5.4. Der Linkshegelianismus – Arnold Ruge, Max Stirner, Bruno Bauer und Ludwig Feuerbach

Mit der Juli-Revolution von 1830 in Frankreich und dem Tod Hegels 1831 standen die politischen Konsequenzen von dessen Philosophie auf dem Prüfstand. Konnte die Philosophie Hegels, wie der französische Materialismus im 18. Jahrhundert, Schützenhilfe für eine bürgerlich-demokratische Revolution in Deutschland leisten? Oder bewahrte sie womöglich vor gesellschaftlichen Umstürzen? Die möglichen Antworten spalteten seine Anhänger in Links- und Rechtshegelianer. Letztere sahen im Gedankenpalast Hegels ein Bollwerk gegen revolutionäre Bestrebungen. Die Linkshegelianer sahen hingegen die revolutionären Potenziale. Es bestand Uneinigkeit darüber, wo Hegel nun verbessert werden müsste und wie seine Philosophie zu verwirklichen sei, was zugleich den Stand des deutschen Bürgertums im Theoretischen widerspiegelte. Die kapitalistischen Produktionsverhältnisse waren noch im Entstehen begriffen, eine einheitliche ideologische und politische Strategie bestand nicht, und so rieben sich die Linkshegelianer, vereinzelt und in kleine Gruppen zersplittert, gegen feudale und klerikale Vorherrschaft, besonders gegen die literarische Zensur, auf. Unter diesen Bedingungen griffen viele Linkshegelianer vor allem Hegels Gesellschaftslehre, insbesondere Hegels Rechts- und Staatsvorstellungen an, die ihnen als Befürwortung eines preußischen Absolutismus erschienen, den sie aber politisch bekämpften.

Obwohl Hegel den Menschen in bis dato ungeahnte Höhen hob, indem er »den Prozeß der *subjektiven* Tätigkeit der Idee«[147] zur Voraussetzung der Philosophie machte, schien die Reichweite des Individuums für ihn in den Manifestationen der bürgerlichen Gesellschaft (Staat, Kirche, Ökonomie usw.) gering bis gar nicht messbar. Die philosophische Tätigkeit sei zwar auf die Wirklichkeit der Natur und Gesellschaft gerichtet, deren Struktur ohne sie eigentlich gar nicht richtig begriffen. Doch wann tritt der Zustand der Erkenntnis, die Handlung ermöglicht, ein? Welche Hoffnungen auf Verbesserung der politischen Verhältnisse kann das philosophierende Individuum mit seinen Taten verbinden? In der Rechtsphilosophie gibt Hegel hierauf eine Antwort, die viel Unmut erzeugen musste. Er meint, dass die Wirklichkeit immer erst dann begriffen werden kann, wenn eine Entwicklung beendet ist: »Wenn die Philosophie ihr Grau in Grau malt, dann ist eine Gestalt des Lebens alt geworden, und mit Grau in Grau läßt sie sich nicht verjüngen, sondern nur erkennen; die Eule der Minerva beginnt erst mit der einbrechenden Dämmerung ihren Flug.«[148] Wie sollte so Kritik an den bestehenden Verhältnissen möglich sein, geschweige denn ein Eingriff in den Lauf des politischen Geschehens?

Diesen Widerspruch erkannte der Schriftsteller und Politiker Arnold Ruge (1802–1880). Für ihn ist Hegels Dialektik zwar die gelungene theoretische Fassung der Wirklichkeit, aber seine Philosophie verdammt zur Apologetik des Bestehenden, schließe die Dialektik letztlich in die akademischen Studierstuben ein: »In der wissenschaftlichen Dialektik lehrt und übt Hegel fortdauernd die wahre Idealität, der Regreß auf das Vorhandene gibt ihm überall den Progreß, die Kritik der erreichten Stufe ist unmittelbar in der Orientierung über das, was sie hat

147 HW 10, § 577.

148 HW 7, S. 28.

und ist, ein Neues geworden; in der Weltgeschichte dagegen will er der Philosophie durchaus die Initiative nicht zugestehen.«[149] Dagegen setzten die Linkshegelianer auf die subjektive Spontaneität und das Selbstbewusstsein. Es war Max Stirner (1806–1856), ein beinah mittelloser und unstet lebender Akademiker, der das Ich in das Zentrum seiner Philosophie stellte und das Paradigma des modernen Kleinbürgers prägnant auf den Punkt brachte: »*Ich bin* alles in Allem (…). Ich bin Alles und Nichts. Das ›absolute Denken‹ [Hegels Philosophie] ist dasjenige Denken, welches vergißt, daß es mein Denken ist, daß *Ich* denke und daß es nur durch *Mich* ist. Als Ich aber verschlinge Ich das Meinige wieder, bin Herr desselben, es ist nur meine *Meinung*, die ich in jedem Augenblicke ändern, d.h. vernichten, in Mich zurücknehmen und aufzehren kann.«[150] Was sollte dieses Ich nun tun? Das Stirner'sche Ich könne sich vor allem in der Kritik der Religion, Entfremdung und Ideologie üben.

Vom Theologen, Philosophen und gescheiterten Akademiker Bruno Bauer (1809–1882) stammt die Methode jener Kritik. Philosophie ist für Bauer identisch mit Kritik, d.h. immerzu Kritik am Ich und Kritik am Öffentlichen: »Nur ein Heil gibt es, nur eine Möglichkeit des Fortschritts: der Bruch mit allem Halben und Illusionistischen! Durchgehende Kritik! – Je tiefer die Konzentration und je schärfer die Zuspitzung, desto mehr Feinde haben wir, desto mehr schreiten wir vorwärts, desto klarer wird die Sache, desto beschämter, verblüffter und ratloser stehen die Freunde des Alten da, desto eher ist es möglich, daß der alles entscheidende Schlag eintritt.«[151] Nichts soll Bestand haben, nichts soll anerkannt werden, allerorten sollen provo-

149 Zit. nach Pepperle, Ingrid et al. (Hgg.): Die Hegelsche Linke. Dokumente, Leipzig 1985, S. 227.

150 Stirner, Max: Der Einzige und sein Eigentum und andere Schriften, München 1968, S. 37.

151 Sass, Hans-Martin (Hg.): Die Feldzüge der reinen Kritik, Frankfurt/Main 1968, S. 255.

kative, publizistische Angriffe auf eine größtmögliche Zahl von Gegnern niederprasseln. Die durch die Kritik herausgestellten Mängel des Status quo sollen – so die Strategie – die Gegenseite, wie den Staat, die Universität oder die Kirche, zur Verbesserung der Verhältnisse zwingen.

Andere nahmen wiederum den theologischen Aspekt im Idealismus Hegels, insbesondere seine Philosophie der Religion, aufs Korn. In seinen Vorlesungen über die Philosophie der Religion hatte Hegel religionskritisch erklärt, dass es der Philosophie nur darum gehen sollte, »die Religion umzustoßen«[152] und als Vernunftleistung zu explizieren.

Der Linkshegelianer Ludwig Feuerbach (1804–1872), ein Student Hegels, der sich durch religionskritische Schriften eine Universitätskarriere verbaute und als Privatgelehrter im bayerischen Bruckberg lebte, sah jedoch in Hegels spekulativer Philosophie ein Wiederaufleben der Religion: »Das Geheimnis der Theologie ist die *Anthropologie*, das Geheimnis aber der *spekulativen Philosophie* die *Theologie*.«[153] Feuerbach meint, dass die Philosophie Hegels als Tatsächlichkeit auftrete. Was Hegel denke, gebe er als Wirklichkeit aus, aber sie sei nun mal nur Gedanke. Denn »eine Philosophie, welche spekuliert über Existenz ohne Zeit, über das Dasein ohne Dauer, über die Qualität ohne Empfindung über das Wesen ohne Wesen, über das Leben ohne Leben, ohne Fleisch und Blut – eine solche Philosophie, wie die des Absoluten überhaupt, hat, als eine durchaus einseitige, notwendig die Empirie zu ihrem Gegensatz.«[154] Feuerbach anerkennt die Vergottung des Menschen durch Hegel, möchte sie aber von ihrem theologischen Gewand befreien, indem er einen anthropologischen Materialismus zu begründen versucht. Die

152 HW 16, S. 150.

153 Feuerbach, Ludwig: Kleine philosophische Schriften (1842–1845). Leipzig 1950, S. 54.

154 Ebd., S. 66.

Philosophie zeige, dass sie ausnahmslos eine Angelegenheit des Menschen sei. Schließlich spreche sie seit nunmehr zweitausend Jahren auf unnötigen Umwegen über Gott, das Absolute oder die Ewigkeit, meint aber ausschließlich den Menschen, »kurz, es handelt sich in diesem Streit, wenn er nicht kopflos geführt werden soll, nur um den Kopf des Menschen.«[155] In diesem Kopf befindet sich das Gehirn, und das Denken ist für Feuerbach Funktion dieses materiellen Organs. Beides ist nicht voneinander zu trennen. Vermittlungsversuche zwischen Sein und Denken, wie sie Hegels Philosophie unermüdlich anstrengt, sind für Feuerbach nichts als philosophisch-theologische Schrullen.

Deshalb solle sich die Philosophie auf den Materialismus besinnen und ihre Argumente wieder aus der Medizin und der Physiologie beziehen, denn wir würden das Denken nur dann verstehen, wenn wir wissen, wie das Gehirn strukturiert ist, wie es vermittels der Sinne die Außenwelt verarbeite und in Sprache ausdrückt. Die »Wahrheit ist weder der Materialismus noch der Idealismus, weder die Physiologie noch die Psychologie; Wahrheit ist nur die Anthropologie«,[156] eine »*Universalwissenschaft*«, die Mensch und Natur »zum *alleinigen*, *universalen* und *höchsten* Gegenstand der Philosophie«[157] erhebe. Was den Naturwissenschaften lediglich fehle, ist die Idee einer Liebesethik. Diese sei »das zu Verstand gebrachte Herz«, das »sich auf die *Wahrheit der Liebe*, die *Wahrheit der Empfindung*«[158] stütze.

155 Feuerbach, Ludwig: Ueber Spiritualismus und Materialismus, in: Bayertz, Kurt et al. (Hg.): Der Materialismus-Streit, Hamburg 2012, S. 346.

156 Feuerbach, Ludwig: Kleinere Schriften III (1846–1850), in: Gesammelte Werke, Bd. 10, Berlin, S. 135.

157 Feuerbach, Ludwig: Kleinere Schriften II (1839–1846), in: Gesammelte Werke, Bd. 9, Berlin, S. 337.

158 Feuerbach, Ludwig: Kleine philosophische Schriften (1842–1845), a. a. O., S. 146.

5.5. Der historisch-dialektische Materialismus – Karl Marx und Friedrich Engels

Ebenfalls Anhänger der Linkshegelianer waren Karl Marx (1818–1883) und Friedrich Engels (1820–1895). Marx kam 1836 als Student der Rechtswissenschaften nach Berlin, wo er die Vorlesungen des Juristen Eduard Gans (1797–1839) hörte, der als Anhänger Hegels nicht nur dessen rechtsphilosophische Schriften herausgab, sondern auch an der Juli-Revolution von 1830 in Frankreich teilnahm und die Schriften der französischen Frühsozialisten in Deutschland verbreitete.

Das Jura-Studium vernachlässigte Marx zugunsten der Philosophie und Geschichte, was ihm die Bekanntschaft der Linkshegelianer um Bruno Bauer einbrachte. Nachdem sich die Hoffnung auf eine Professur in Bonn zerschlagen hatte, wurde Marx 1842 Mitarbeiter und später Chefredakteur der *Rheinischen Zeitung für Politik, Handel und Gewerbe*, wo er sich erstmals politisch-ökonomischen Themen zuwandte und sich immer mehr von den Linkshegelianern in Berlin entfernte. Er forderte, dass sie »weniger vages Räsonnement, großklingende Phrasen, selbstgefällige Bespiegelungen und mehr Bestimmtheit, mehr Eingehn in die konkreten Zustände, mehr Sachkenntnis an den Tag«[159] legen sollten. Der endgültige Bruch vollzog sich jedoch nicht im Rahmen seiner Tätigkeit als Redakteur – da die Zeitung bereits 1843 durch den Druck der Zensur eingestellt wurde –, sondern erst ein Jahr später in Paris. Hier begann er, zusammen mit Arnold Ruge die *Deutsch-Französischen Jahrbücher* herauszugeben, wovon nur eine Ausgabe erschien. Sie enthält Briefe und Artikel u. a. von Marx, Engels, Feuerbach und Ruge. Durch diese Zusammenarbeit entstand zwischen Marx und Engels eine briefliche Korrespondenz, die in eine lebenslange Freundschaft und Zusammenarbeit mündete.

159 MEW 27, S. 412.

Die erste Frucht dieser Verbindung ist die Abrechnung mit den Berliner Linkshegelianern in *Die Heilige Familie, oder Kritik der kritischen Kritik. Gegen Bruno Bauer und Consorten* von 1845. Hierin bekennen sich beide zu Feuerbachs Materialismus, kritisieren Hegel und ätzen gegen die Methode der Kritik von Bauer: »Die absolute Kritik geht von dem *Dogma* der absoluten Berechtigung des ›*Geistes*‹ aus. Sie geht ferner von dem Dogma der *außerweltlichen* d. h. außer der Masse der Menschheit hausenden Existenz des Geistes aus. Sie verwandelt endlich einerseits ›den Geist‹, ›den Fortschritt‹, andrerseits ›die Masse‹ in *fixe* Wesen, in Begriffe, und bezieht sie dann als solche gegebne feste Extreme aufeinander.«[160] Das sei weder originell noch progressiv, denn »jenes von Herrn Bruno entdeckte Verhältnis [von Geist und Masse] ist nämlich nichts anderes als die kritisch karikierte Vollendung der Hegelschen Geschichtsauffassung«, die Bauer und seine Anhänger elitär überzögen, um sich als Propheten der Revolution in Szene zu setzen. In die Politik übersetzt, laufe diese Auffassung letztlich darauf hinaus, »daß wenige auserwählte Individuen als aktiver Geist der übrigen Menschheit als der geistlosen Masse, als der Materie gegenüberstehen«.[161]

Auf der Rückseite eines Einkaufszettels notierte Marx wohl im März 1845 elf *Thesen ad Feuerbach*, die Engels im Nachlass fand, redaktionell bearbeitete und schließlich veröffentlichte. 1932 wurden sie im Original publiziert. Die Feuerbachthesen sind nach Auskunft Engels »rasch hingeschrieben, absolut nicht für den Druck bestimmt, aber unschätzbar als das erste Dokument, worin der geniale Keim der neuen Weltanschauung niedergelegt ist«.[162] Mit neuer Weltanschauung ist die materialistische Geschichtsauffassung bzw. der historische Materialismus

160 MEW 2, S. 87 f.

161 Ebd., S. 90.

162 MEW 21, S. 264.

gemeint, die sich vor allem auf die Hauptlosungen »gegenständliche Tätigkeit« und »Praxis« stützt und von Marx gegen den alten Materialismus sowie den deutschen Idealismus in Anschlag gebracht wird.

»Der Hauptmangel alles bisherigen Materialismus (den Feuerbachschen mit eingerechnet)«, meint Marx, »ist, daß der Gegenstand, die Wirklichkeit, Sinnlichkeit nur unter der Form des *Objekts* oder der *Anschauung* gefaßt wird; nicht aber als *sinnlich menschliche Tätigkeit, Praxis*; nicht subjektiv« (1)[163]. Der Mensch würde also in der bisherigen materialistischen Philosophie, so die Kritik von Marx, als passives, vereinzeltes Subjekt in einer ihn umgebenden, objekthaften Wirklichkeit hingenommen. Es wird dabei völlig verwischt, warum für das Subjekt im Denken und in der Praxis etwas zum Objekt geworden ist und welche Wechselwirkungsbeziehungen zwischen Subjekt und Objekt bestehen. Marx besteht darauf, dass es nicht ausreicht, nur von der sinnlich wahrnehmbaren Physis des Subjekts und der Objekte zu sprechen. Weil das menschliche Wesen »in seiner Wirklichkeit« immer schon »ensemble der gesellschaftlichen Verhältnisse« (6) sei, trägt Marx das Gesellschaftliche ins Portfolio der materialistischen Philosophie ein. Sie täte also besser daran, »die menschliche Tätigkeit selbst (…) als *gegenständliche* Tätigkeit« (1) zu fassen, die immer schon in gesellschaftliche Kontexte eingebunden und darin produktiv sei. Die Objekte, Dinge und Sachverhalte seien demzufolge selber Produkt des sinnlich-tätigen und reflektierenden Menschen, weil er sie zum Bestandteil seines materiell-gesellschaftlichen Lebens gemacht hat. Der Sternenhimmel etwa erlangt für den Menschen nur Relevanz und wird zum Gegenstand seiner wissenschaftlichen, künstlerischen oder religiösen Reflexionen, weil er vor allem als Mittel der Orientierung nützt.

163 Die Ziffern in den Klammern geben im Folgenden die zitierte These an. Vgl. MEW 3, S. 5 ff.

Der Idealismus habe die »*tätige* Seite« entwickelt, indem er die Fortentwicklung des Wissens zum Thema machte. Dies glückte ihm aber nur »abstrakt«, da er »die wirkliche, sinnliche Tätigkeit als solche nicht kennt« (1). Die Erfindung von Werkzeugen wie etwa des Hammers kam so nicht in den Gesichtskreis seiner Überlegungen. Zweierlei vereint z. B. der Hammer in sich. Er ist einerseits die Abstraktion von der Beschaffenheit der Materialien, auf die geschlagen wird, und des menschlichen Körpers, der mit ihm arbeitet. Andererseits ist er die Materialisierung der Kenntnisse über die Beschaffenheit der Materialien und des menschlichen Körpers. Marx meint daher, dass im Idealismus die Frage nach Wahrheit immer als »Frage der Theorie« erscheint, obwohl das eine »*praktische* Frage« ist, denn nur »in der Praxis muß der Mensch die Wahrheit, i. e. Wirklichkeit und Macht, Diesseitigkeit seines Denkens beweisen« (2).

Marx entwickelt aber keine neue eigenständige Philosophie der Praxis. Die Verabschiedung von der bisherigen Philosophie (nicht der Philosophie überhaupt) ist für ihn vielmehr in ein revolutionäres Praxisprogramm eingebunden. Die Widersprüche in der Philosophie und der Religion seien nur Ausdruck »der Selbstzerrissenheit und [des] Sichselbstwidersprechen[s] dieser weltlichen Grundlage«. Die Wirklichkeit soll deshalb »sowohl in ihrem Widerspruch verstanden als praktisch revolutioniert werden« (4). Nur in der »menschlichen Praxis und im Begreifen dieser Praxis« können »alle Mysterien, welche die Theorie zum Mystizism veranlassen, (…) ihre rationelle Lösung« (ebd.) finden. Die bisherige Philosophie habe, so die emphatische Forderung am Ende der Thesen, »die Welt nur verschieden *interpretirt*, es kömmt drauf an, sie zu *verändern*« (11).

Haben die Feuerbachthesen die Frage nach der Geltung und Rolle von (revolutionärer) Praxis aufs philosophische Tableau gebracht, so galt es nun, die Konturen der besonderen Wissenschaft zu skizzieren, die Tätigkeit und Praxis nicht mehr traditionell philosophisch, sondern empirisch untermauert. Hierfür erarbeitete Marx, der nun nach Brüssel geflohen war und sich vermehrt in ökonomische Studien vertiefte, 1845/46 mit Hilfe von Engels das Manuskriptkonvolut *Die deutsche Ideologie*, das im Rahmen eines Zeitschriftenprojekts entstand, an dem unter anderem auch Moses Heß (1812–1875) und Roland Daniels (1819–1855) mitwirken, und nur zu einem geringen Teil zu Lebzeiten veröffentlicht wurde. Hierin hat Marx, wie sich Engels später erinnert, die »materialistische Geschichtstheorie in den Hauptzügen fertig herausentwickelt«[164], indem er der traditionellen und zeitgenössischen Philosophie ihre politisch-ökonomischen Leerstellen und falschen Abstraktionen nachweist.

Ihren Anfang habe die materialistische Geschichtstheorie mit den empirischen Gegebenheiten zu machen: »Der erste zu konstatierende Tatbestand ist also die körperliche Organisation dieser Individuen und ihr dadurch gegebenes Verhältnis zur übrigen Natur.«[165] Die entscheidende Bedingung für die Menschwerdung war der entwickelte aufrechte Gang und die dadurch freigewordene Hand, die als »das Organ der Arbeit [und] *auch ihr Produkt*« die Abkapselung vom Tierreich und die Arbeitsteilung ermöglichte. Es gelang ihr, »durch immer erneuerte Anwendung (...) auf neue, stets verwickeltere Verrichtungen (...) jenen hohen Grad an Vollkommenheit [zu] erhalten, auf dem sie Raffaelsche Gemälde, Thorvaldsensche Statuen, Pagagninische [sic!] Musik hervorzaubern konnte«.[166] Die Spezifik der Menschen bestehe darin, die Mittel zum Leben und somit »indirekt ihr materielles Leben selbst«[167] zu produzieren. Die materialistische Geschichtstheorie fragt also zunächst, was wie produziert wird, denn die »bestimmte Art der Tätig-

---

164 MEW 21, S. 212.

165 Ebd., S. 19.

166 Engels, Friedrich: Ueber den Anteil der Arbeit an der Menschwerdung des Affen, in: MEW 20, S. 445 f.

167 MEW 3, S. 20.

keit dieser Individuen [ist] eine bestimmte Art ihr Leben zu äußern, eine bestimmte *Lebensweise* derselben«.[168] In der Untersuchung seiner Lebensweise liege der Schlüssel zum Verständnis des Menschen. Denn »wie die Individuen ihr Leben äußern, so sind sie«.[169] Um die Genese und Struktur der Produktion zu erforschen, müsse daher der Fokus auf die entsprechende Teilung der Arbeit und die dazugehörigen Formen des Eigentums gelegt werden, denn ihre Einheit und Entwicklung bedinge »die Verhältnisse der Individuen zueinander in Beziehung auf das Material, Instrument und Produkt der Arbeit«.[170] Marx und Engels brechen hier mit jeglichen abstrakten und vorgefassten Vorstellungen über Gesellschaft, Staat, Individuum und Natur und fassen die Wirklichkeit als materielles Beziehungsgefüge von naturgesellschaftlichen Verhältnissen: »Die empirische Beobachtung muß in jedem einzelnen Fall den Zusammenhang der gesellschaftlichen und politischen Gliederung mit der Produktion empirisch und ohne alle Mystifikation und Spekulation aufweisen.«[171] Darin ist das Programm einer materialistischen Dialektik angelegt, das den Gesichtskreis und die theoretischen Mittel zur Erfassung der Verhältnisse zu erweitern strebt.

Die Dialektik der Gesellschaft und der Natur | In seinen sogenannten Altersbriefen resümierte Engels die Entwicklung des Historischen Materialismus. Am 14. Juli 1893 schrieb er an den Historiker und späteren Mitbegründer der KPD Franz Mehring (1846–1919): »Nämlich wir alle haben zunächst das Hauptgewicht auf die Ableitung der politischen, rechtlichen und sonstigen ideologischen Vorstellungen und durch diese Vorstellungen

168 Ebd., S. 20

169 Ebd.

170 Ebd., S. 22.

171 Ebd., S. 25.

vermittelten Handlungen aus den ökonomischen Grundtatsachen gelegt und legen müssen. Dabei haben wir dann die formelle Seite über der inhaltlichen vernachlässigt: die Art und Weise, wie diese Vorstellungen etc. zustande kommen.«[172] Besonders Engels ist in seinen Spätschriften der Formalisierung der Dialektik nachgegangen, die insofern Marx' Arbeiten ergänzt, als sie die Bedeutung der Dialektik für alle Bereiche der Gesellschaft, aber auch der Natur (soweit ihre Gesetzmäßigkeiten dank Industrie und naturwissenschaftlich experimenteller Praxis bekannt sind) hervorhebt.

Im sogenannten *Anti-Dühring* (1877 f.), einer polemischen Schriftenreihe gegen den Philosophen und Ökonomen Eugen Dühring (1833–1921), gibt Engels eine allgemeine Definition der Dialektik: »Die Dialektik ist (...) weiter nichts als die Wissenschaft von den allgemeinen Bewegungs- und Entwicklungsgesetzen der Natur, der Menschengesellschaft und des Denkens.«[173] Sie gehe also der Frage nach, wie die Dinge und das sie reflektierende Denken »in ihrem Zusammenhang, ihrer Verkettung, ihrer Bewegung, ihrem Entstehn und Vergehn«[174] bestehen, kurz, sie sei »Wissenschaft des Gesamtzusammenhangs«[175], in der Natur, Gesellschaft und Denken Momente desselben seien. Die grundlegenden Kategorien der Dialektik sind für Engels Bewegung und Zusammenhang. Bereits die antike Philosophie hatte »die Einheit in der unendlichen Mannigfaltigkeit der Naturerscheinungen als selbstverständlich«[176] verstanden. Die Materie kennt nach Engels keine andere Daseinsweise als die der Bewegung: »Nie und nirgends hat es Materie ohne Bewegung gegeben oder kann es sie ge-

172 MEW 39, S. 96.

173 MEW 20, S. 131 f.

174 Ebd., S. 22.

175 Ebd., S. 307.

176 Ebd., S. 458.

ben.«[177] Vielmehr unterscheide sich die Materie ausschließlich in ihren Bewegungsformen. Sie könne als Widerspruch, Wechselwirkung und Entwicklungsprozess auftreten, was Engels in der Fragment gebliebenen *Dialektik der Natur* (postum 1925 veröffentlicht) in den drei Hauptgesetzen der Dialektik zusammenfasst: »das Gesetz des Umschlagens von Quantität in Qualität und umgekehrt; das Gesetz von der Durchdringung der Gegensätze; das Gesetz von der Negation der Negation«.[178] Doch mitnichten möchte er diese Gesetze als »der Natur und Geschichte aufoktroyiert«[179] verstanden wissen, sondern aus ihnen abgeleitet.

Engels versucht, das angesammelte Material der Naturwissenschaften – insbesondere der aufstrebenden Physik, Geologie und Biologie, samt den in ihnen vorherrschenden philosophischen Auffassungen – und der Geschichtsforschung, insbesondere der Archäologie und Paläontologie für eine materialistische Dialektikkonzeption zu ordnen und aufzubereiten. Er kommt zu der Einsicht, dass »wir aus Erfahrung (…) *wissen*, daß die Materie wie ihre Daseinsweise, die Bewegung, unerschaffbar und also ihre eigne Endursache sind« und theoretisch »die Materie als solche (…) eine reine Gedankenschöpfung und Abstraktion«[180] von diesen Erfahrungen ist. Engels betont also die Notwendigkeit der Zusammenführung der empirischen Wissenschaften mit der Philosophie in einer umfassenden Wissenschaftskonzeption.

Die weiteren Konturen einer materialistischen Dialektik umriss er 1888 in *Ludwig Feuerbach und der Ausgang der klassischen deutschen Philosophie* genauer. Die allgemeinen Gesetze der Dialektik seien in sich differenziert, da das Denken und die

177 Ebd., S. 55.

178 Ebd., S. 348.

179 Ebd.

180 Ebd., S. 519.

Wirklichkeit »zwei Reihen von Gesetzen [gehorchen], die der Sache nach identisch, dem Ausdruck nach aber insofern verschieden sind, als der menschliche Kopf sie mit Bewußtsein anwenden kann, während sie in der Natur und bis jetzt auch großenteils in der Menschengeschichte sich in unbewußter Weise, in der Form der äußern Notwendigkeit, inmitten einer endlosen Reihe scheinbarer Zufälligkeiten durchsetzen«.[181] Sie sind identisch, weil die Dialektik Bewegung und Zusammenhänge zum Inhalt hat. Unterschieden sind sie hingegen in ihrer Form, weil das Denken sich aufgrund von Logik und Mathematik selbst ordnen, weiterentwickeln und dank Technik materialisieren kann, aber die Ordnung der Fortentwicklung der Wirklichkeit, die nicht mit mathematischen Formeln gleichzusetzen ist, in seiner Gesamtheit noch nicht erkannt worden ist. So erweitert sich immerzu die Anordnung und Verteilung der beobachtbaren Materie im Weltraum durch neuartige Technologien und verfeinerte Messmethoden. »Aber«, mahnt Engels, diese Resultate der Geschichts- und Naturforschung »in der Phrase anerkennen und (…) in der Wirklichkeit im einzelnen auf jedem zur Untersuchung kommenden Gebiet durchführen [sic!], ist zweierlei.«[182]

5.6. Der historisch-dialektische Materialismus nach Marx und Engels

Die Überlegungen von Marx und Engels zu Fragen des historisch-dialektischen Materialismus waren im internationalen Marxismus immer Gegenstand hart geführter Debatten und politischer Kämpfe, die bis zum heutigen Tag eine unüberschaubare Rezeptionslandschaft formen.

Die theoretischen Schwerpunkte und Formen der Debatten sind und waren indessen durch die jeweilige politisch-

181 MEW 21, S. 293.

182 Ebd.

gesellschaftliche Lage in den jeweiligen Nationen bestimmt und drehten sich vor allem um die praktischen Konsequenzen des historisch-dialektischen Materialismus von Marx und Engels. Die Bandbreite der Positionen und Strömungen, die z. T. nicht voneinander eindeutig zu scheiden sind, reichen dabei von der resoluten Abwehr der Dialektik über die Ablehnung von Teilen der Lehre von Marx und Engels, insbesondere den naturdialektischen Überlegungen, bis hin zur kritiklosen Anerkennung des gesamten Œuvres.

Darüber hinaus fanden zumindest Teile der Lehre Anwendung, Vertiefung und Erweiterung auf nahezu alle Bereiche des menschlichen Zusammenlebens, etwa durch tätigkeitstheoretische Ansätze in der Psychologie, soziologische Überlegungen in den Kunst- oder den Rechtswissenschaften sowie ideologietheoretische Konzepte in den Gesellschaftswissenschaften. Die katalytische Funktion übernahm hier die Oktoberrevolution von 1917 mit der sie folgenden Sowjetunion, indem sie sämtliche Bereiche des gesellschaftlichen Lebens umwälzte und sich dabei explizit auf die Lehren von Marx, Engels, Lenin und teilweise Stalin berief. Diese gesellschaftliche Ausgangsbasis ermöglichte es dem Marxismus, gesellschaftspolitische und theoretische Wirkungen auf dem gesamten Globus zu entfalten, deren Nachhall bis heute anhält.

Dialektischer Materialismus | Über die Werke und Übersetzungen des Journalisten, Philosophen und Mitbegründers der russischen Sozialdemokratie Georgi Plechanow (1856–1918) finden Ideen von Marx und Engels in Russland größere Verbreitung. Plechanow verstand die Philosophie von Marx als dialektischen Materialismus und flocht sie in die revolutionäre Praxis ein: »Der dialektische Materialismus sagt: Die menschliche Vernunft konnte nicht der Schöpfer der Geschichte sein, da sie selbst *ihr Produkt* ist. Doch sobald dieses Produkt in Erscheinung getreten ist, (…) ist [es] notwendigerweise bemüht, sie nach seinem Bilde zu formen, *sie vernünftiger zu gestal-*

ten.«[183] Auch der Politiker und Revolutionär Wladimir I. Lenin (1870–1924) sah im dialektischen Materialismus die Philosophie von Marx und Engels. In seiner polemischen Schrift *Materialismus und Empiriokritizismus* (1909) wandte sich Lenin gegen die sogenannten Empiriokritizisten innerhalb der russischen Sozialdemokratie, die seines Erachtens die materialistische Philosophie ablehnten, wie sie Feuerbach, Marx und Engels vertraten. Zentral für Lenin ist die Betonung der Anerkennung einer vom Denken unabhängigen und erkennbaren Wirklichkeit als Grundlage jedes Materialismus: »Der Grundzug des Materialismus ist eben, daß er von der Objektivität der Wissenschaft, von der Anerkennung der objektiven Realität, die durch die Wissenschaft widergespiegelt wird, *ausgeht*, während der Idealismus der ›Umwege‹ *bedarf*, um die Objektivität so oder so aus dem Geist, dem Bewußtsein, dem ›Psychischen‹ ›abzuleiten‹.«[184] Darin seien sich der dialektische Materialismus und seine Vorgänger einig. Dialektisch wird der Materialismus jedoch erst dann, wenn er die Erkennbarkeit der Einheit und der Bewegung der Materie betone: »Die Welt ist die gesetzmäßige Bewegung der Materie, und unsere Erkenntnis als höchstes Produkt der Natur ist nur imstande, diese Gesetzmäßigkeit widerzuspiegeln.«[185] Widerspiegelung meint die Fähigkeit des Denkens, die Wirklichkeit und ihre Gesetzmäßigkeiten adäquat wiedergeben zu können. Das Denken und die Wirklichkeit sind Lenin zufolge nicht voneinander getrennte Sphären, sondern stimmen überein, weil sie unterschiedene Momente der materiellen Wirklichkeit sind.

Der dialektische Materialismus ist überdies für Lenin einer von drei integralen Bestandteilen des Marxismus. Er trete das

183 Plechanow, Georgi: Zur Frage der Entwicklung der monistischen Geschichtsauffassung, Berlin 1975, S. 282.

184 Lenin, Wladimir: Materialismus und Empiriokritizismus. Kritische Bemerkungen über eine reaktionäre Philosophie, in: Werke, Bd. 14, Berlin 1961 ff., S. 296 f. (im Folgenden zit. LW).

185 Ebd., S. 165.

Erbe »des Besten, was die Menschheit im 19. Jahrhundert in Gestalt der deutschen Philosophie, der englischen Ökonomie und des französischen Sozialismus hervorgebracht hat«,[186] an. Im Zuge dieser Bestimmung wurde der Marxismus, insbesondere der Marxismus-Leninismus, um den wissenschaftlichen Sozialismus, die politische Ökonomie und den historisch-dialektischen Materialismus erweitert und kanonisiert. Einerseits sollte er so den werktätigen Klassen eröffnet und andererseits zum Leitfaden der wissenschaftlichen Tätigkeit überhaupt ausgebaut werden. Dies wurde durch die Veröffentlichung der aus dem Nachlass stammenden Schriften von Marx und Engels ab der Mitte der 1920er-Jahre befördert und von der Schaffung einer sowjetischen Universitätslandschaft, wie z. B. dem Institut der Roten Professur (1921 – 1938), begleitet. Der Philosoph Abram Deborin (1881 – 1963) unterscheidet beispielsweise »die allgemeine Theorie der Dialektik, die Dialektik der Natur und die Dialektik der Geschichte«[187] und wirkte hiermit kanonbildend. Ferner entstanden in und außerhalb der Sowjetunion zahlreiche populäre Darstellungen, die Marx' und Engels' Ideen didaktisch aufbereitet darstellten[188], wovon Stalins Abschnitt über den dialektischen und historischen Materialismus im *Kurzen Lehrgang der Geschichte der KPdSU* (russ. 1938, dt. 1939) die wohl bekannteste, wirkmächtigste, aber auch umstrittenste ist.

Aus diesen Bemühungen heraus entstand, insbesondere nach dem Zweiten Weltkrieg auf dem Gebiet des Warschauer

---

186 LW 19, S. 3.

187 Negt, Oskar (Hg.): L. Bucharin und A. Deborin. Kontroversen über dialektischen und mechanischen Materialismus, Frankfurt/Main 1974, S. 105.

188 Vgl. u. a. Thalheimer, August: Einführung in den dialektischen Materialismus, Wien 1928; Raphael, Max: Theorie des geistigen Schaffens auf marxistischer Grundlage, Frankfurt/Main 1974; Politzer, Georges: Principes Élémentaires de Philosophie, Paris 1946.

Paktes, eine vielschichtige Lehrbuchliteratur, die die Themenwelt des Marxismus für den pädagogischen und politischen Gebrauch zusammenfasste und, da immer aktualisiert, zugleich ein Spiegelbild des kanonischen Stands abgab. Ein zentrales Produkt dieser Popularisierungsbemühungen ist überdies die Herausgabe der Marx-Engels-Werke (MEW) in der DDR von 1956 bis 1990. Als Studienausgabe geplant, ist sie bis heute die maßgebliche Quelle der Schriften von Marx und Engels, wobei bereits Mitte der 1920er-Jahre in der Sowjetunion die Erstellung der Marx-Engels-Gesamtausgabe (MEGA) angefangen wurde, die die gesamten Veröffentlichungen, Manuskripte und Briefwechsel der beiden vollständig und historisch-kritisch veröffentlichen möchte. Nachdem die erste Generation der Kulturpolitik und den Repressionen der 1930er-Jahre zum Opfer fiel, übernahm die DDR in den 1960er-Jahren die weitere Herausgabe, die bis zum heutigen Tag nicht abgeschlossen ist.

Antidialektischer Marxismus | Allen antidialektischen Marxismen war unabhängig von ihren historischen Entstehungsbedingungen eine Stoßrichtung gemein: Die empirische Seite sollte gegenüber der dialektischen hervorgehoben werden. Dafür sollte der Marxismus sich von Hegel und der Dialektik lossagen.

Bereits zu Engels' Lebzeiten setzten die Auseinandersetzungen um das Erbe Marx' ein. Christiaan Cornelissen (1864–1942), niederländischer Anarchist, konstatierte gegenüber Marxens Theorie des Kapitals: »Diese dialektische Methode (…) bildet zu gleicher Zeit auch seine schwache Seite (…) und die Ursache, weshalb jetzt schon seine Doktrin den Keim des Verderbens zeigt.«[189] Ins gleiche Horn stieß einige Jahre nach En-

189 Cornelissen, Christiaan: Ueber den Einfluss der Hegelschen Dialektik auf die sozialistische Doktrin von Karl Marx, in: Sozialistische Monatshefte 12/1889, S. 557.

gels Tod Eduard Bernstein (1850–1932), ehemaliger Vertrauter von Engels und einer der Parteitheoretiker der deutschen Sozialdemokratie, der den Marxismus aus seiner philosophischen Tradition herauslösen wollte: »Der reine oder absolute Materialismus ist gerade so spiritualistisch wie der reine oder absolute Idealismus. Beide setzen Denken und Sein schlechthin als identisch, wenn auch von verschiedenen Seiten her. Sie differieren in letzter Instanz nur in der Ausdrucksweise. Neuere Materialisten stellen sich dagegen prinzipiell ebenso entschieden auf den Boden Kants, wie dies die meisten der größeren modernen Naturforscher getan haben.«[190] Der Marxismus habe also seine Geltung ausschließlich mithilfe der Kenntnisse der empirischen Wissenschaften zu erweisen. Im 20. Jahrhundert hat der italienische Philosoph und Politiker Lucio Colletti (1924–2001) diese Position erneuert, indem er den dialektischen Materialismus in Anlehnung an Hegel scharf angriff: »Die absolute und nicht wiedergutzumachende theoretische Bedeutungslosigkeit des ›dialektischen Materialismus‹ liegt hierin: er hat den Idealismus nachgeahmt und dabei geglaubt, einen Materialismus zu verfechten. Er hat Hegels Liquidierung des ›Verstandes‹ und des Prinzips der Widerspruchsfreiheit unterschrieben, ohne dabei zu begreifen, daß das auch die Liquidierung der Unabhängigkeit des Endlichen vom Unendlichen, der Nichtreduzierbarkeit des Seins aufs Denken mit sich brachte.«[191] Für Colletti kann das Sein folglich logisch nicht adäquat ausgedrückt werden, was aber der Materialismus dialektischer Art permanent behaupte, der damit die Eigenständigkeit des realen Seins leugne. Wissenschaft, die sich dem Konkreten zuwendet, um seinen Unterschied zum Denken festzustellen, sei

190 Bernstein, Eduard: Das realistische und das ideologische Moment im Sozialismus. Probleme des Sozialismus, 2. Serie II, in: Die neue Zeit 34/1898, S. 227.

191 Colletti, Lucio: Hegel und der Marxismus, Frankfurt/Main 1969, S. 90.

so nicht möglich. Collettis Position basiert auf einer Trennung zwischen Widersprüchen im Denken und in der Wirklichkeit. Widersprüche können für ihn nur im Denken vorkommen; in der Wirklichkeit gibt es nur Realoppositionen zwischen Dingen. Der Wissenschaft komme die Rolle zu, sich dem Wirklichen sukzessive anzunähern, um diese Oppositionen möglichst widerspruchsfrei festzustellen.

Die hierin eingeschriebene Voraussetzung besteht darin, dass die Wirklichkeit eine durchgegliederte ist, die zu erkennen nur den empirischen Wissenschaften vorbehalten ist, deren Theorieprodukte ihrerseits als unmittelbare Darstellungen der Wirklichkeit vorgestellt werden. Zum einen bleibt völlig unartikuliert, wer die Gliederung auf Grundlage welcher Überlegungen vorgenommen hat. Das ideologiekritische Moment des Marxismus wird durch die Inthronisierung und De-Sozialisierung der Wissenschaften tendenziell ausgeschieden. Zum anderen wird die Einteilung der Wirklichkeit, die zwar zur Orientierung notwendig, aber immer vorläufig ist, nicht als Produkt einer wissenschaftlich-ideellen Tätigkeit in Gesellschaft verstanden; vielmehr wird die Wirklichkeit in verdinglichte Entitäten gekleidet, ohne den Verdinglichungsprozess und seine Bedingungen kenntlich zu machen. Prozesse, Übergänge, Umsetzungen und Umbesetzungen werden hierbei nicht berücksichtigt. Begriffliche Vorstellungen wie Gesellschaft, Klasse, Historizität, Kapital usw. werden so zur Religion degradiert; ein Vorwurf der zum ideologischen Repertoire des Antikommunismus gehört. Es nimmt daher nicht wunder, dass die Antidialektik Collettis ihn aus dem Marxismus katapultiert, indem er Wissenschaft auf das vereinzelte Individuum zurückbindet, da er nur zwei, für ihn zu verbindende Quellen der Erkenntnis kennt: »das Faktum der Rezeptivität oder Sinnlichkeit und die Spontaneität des Verstandes«.[192] Die Sinnlichkeit zum

192 Ebd., S. 79.

biologischen Faktum und die Spontaneität zur *creatio ex nihilo* (dt.: Schöpfung aus dem Nichts) zu mystifizieren, zeigt die Sublimierung religiösen Denkens an, gegen das sich Colletti abzugrenzen glaubt.

Historischer Materialismus | Der Zusammenbruch der II. Internationale, die Oktoberrevolution (und die ausbleibende Weltrevolution) sowie die Veröffentlichung der Frühschriften von Marx und Engels, insbesondere der philosophischen Arbeiten, faszinierte in den 1920er/30er Jahren progressive Intellektuelle.

Der Philosoph, Literaturtheoretiker und Revolutionär Georg Lukács (1885–1971), späterer Mitarbeiter der ersten MEGA-Bände, betonte in seiner frühen Essaysammlung *Geschichte und Klassenbewußtsein. Studien über marxistische Dialektik* (1923) den gesellschaftsdialektischen Charakter des Marxismus und wandte sich gegen die Konzeption einer Naturdialektik nach dem Zuschnitt von Engels.[193] Das Buch hatte eine große Ausstrahlungskraft auf die internationale marxistische Intelligenzija und eine stark polarisierende Wirkung, die zu einer Vielzahl von neomarxistischen Varianten beitrug, die ihren Fluchtpunkt im Historischen Materialismus sahen und sich gegen den Dialektischen abzugrenzen suchten.

Der Philosoph Ernst Bloch (1885–1972) lobte Lukács' Buch, gab jedoch zu bedenken, dass andere »Denkweisen des Seins wie Kunst, Religion oder Naturwissenschaften (…) schließlich auch Teil der mannigfach gegliederten Geschichte«[194] seien und eine Naturdialektik durchaus ihre Berechtigung habe. Diese müsse, wie er Jahrzehnte später ausführte,

193 Vgl. Lukács, Georg: Geschichte und Klassenbewußtsein. Studien über marxistische Dialektik, Berlin 1923, S. 240.

194 Bloch, Ernst: Aktualität und Utopie, in: Gesamtausgabe, Bd. 10, Frankfurt/Main 1975, S. 618.

um an Kant und Hegel, Engels und Lenin anzuknüpfen, den Begriff der Materie »durch Dialektisches als solches (...) geradezu spekulativ« erweitern, »um zum Erweiternden das Seine beizutragen«.[195] Es genüge nicht, nur die Bewegungs- und Veränderungsgesetze festzustellen, sondern die Materie müsse wie die Geschichte als nach vorn hin offen und formbar be- und ergriffen werden. Blochs Plädoyer für eine Naturdialektik möchte nicht leugnen, dass Natur eine gesellschaftliche Kategorie ist, vielmehr warnt er davor, sich die Natur geschichtslos vorzustellen, denn so sei nur der Gesellschaft die Geschichte (und somit auch die Dialektik) vorbehalten. Der Marxismus ist »beileibe nicht nur Ideologiedurchschauung (...), sondern noch mehr, da letzthin, was das Theorie-Praxis-Verhältnis besonders angeht, Prüfung und so realistisches Erkennen der Zukunft, Zukunfts-Tendenz, Zukunfts-Latenz in der Gegenwart, das heißt nächsten Möglichkeit selber«[196]. Die Denunziation der Naturdialektik reproduziert den bürgerlichen Gegensatz zwischen Natur und Geschichte, der sich in der schroffen Trennung von Geistes- und Naturwissenschaften manifestiert, statt die Korrespondenzverhältnisse zwischen den Bereichen und die Methoden der Naturwissenschaften etwa hinsichtlich ihrer gesellschaftlichen Geltung und Reichweite zu analysieren.

An den Ausführungen des jungen Lukács, die dieser später revidierte[197], haben vor allem die Ansätze angeknüpft, die ihre Untersuchungen auf das Individuum, die gesellschaftliche Praxis und die Dialektik als Methode zentrieren. In Deutschland trieb diese Entwicklung vor allem die sogenannte Frankfurter Schule voran, die in Form des Instituts für Sozialforschung in

195 Bloch, Ernst: Das Materialismusproblem, seine Geschichte und Substanz, a. a. O., S. 470.

196 Bloch, Ernst: Experimentum Mundi, in: Gesamtausgabe, Bd. 15, Frankfurt/Main, S. 27.

197 Lukács, Georg: Ontologie – Marx, Darmstadt/Neuwied 1972, S. 11 f.

Frankfurt/Main (gegründet 1923) sozialwissenschaftliche Forschungen und sozialphilosophische Untersuchungen initiierte und zu einem theoretischen Stützpfeiler der westdeutschen Studentenbewegung in den 1960er-Jahren avancierte.

In Frankreich gab es wiederum Bemühungen, den Marxismus mit existentialistischen Philosophien zu verkuppeln. Jean-Paul Sartre (1905–1980) nahm hierbei eine Schlüsselrolle ein, indem er das vermeintliche Fehlen der Subjektivität bemängelt. Der Materialismus schalte das Subjektive aus, »indem er die Welt, mitsamt den Menschen darin, nur noch als ein Gefüge von Gegenständen sieht, die untereinander durch allumfassende Beziehungen verbunden sind«.[198] Auch hier wiederholt sich die Trennung zwischen Gesellschaft und Natur, zwischen Geistes- und Naturwissenschaft und schließlich zwischen Subjekt und Objekt, insofern Sartre Materialismus mit Naturwissenschaften gleichsetzt und ihnen das Subjekt entgegensetzt. Dass im Rahmen der Erstellung von Untersuchungsanordnungen Objektivierungen in Form einer physikalisch-mathematischen Formelsprache vorgenommen werden müssen, jedoch ideelle Produkte von wissenschaftlich-tätigen Subjekten bleiben und somit keine direkten Darstellungen der Wirklichkeit sind, gerät dabei nicht ins Blickfeld der philosophischen Untersuchung.

Mit den Frühschriften von Marx und Engels verband sich vor allem die sogenannte Praxisphilosophie, die ihre Anfänge dem italienischen Philosophieprofessor Antonio Labriola (1843–1904) verdankt, der wiederum großen Anteil an der Verbreitung des Marxismus in Italien hatte. Die Philosophie der Praxis sei keine realitätsferne Theorie, sondern »die in den Dingen, über die sie philosophiert, immanent vorhandene Philosophie.« Schließlich führe der Weg »vom Leben zum Denken

198 Sartre, Jean-Paul: Materialismus und Revolution, in: Drei Essays, Frankfurt/Main 1960, S. 54.

und nicht vom Denken zum Leben; nur das ist realistisch.«[199] Auch der italienische Theoretiker und Mitbegründer der Kommunistischen Partei Italiens Antonio Gramsci (1891–1937) spricht in der Nachfolge Labriolas von einer Philosophie der Praxis. Diese verstand er als integralen Bestandteil einer marxistisch revolutionären Praxis, die zur Gewinnung kultureller Hegemonie beitragen und die Transkription theoretischer Erkenntnisse ins Alltagsbewusstsein leisten solle.

Die Rolle der Praxis betonten nach dem Zweiten Weltkrieg auch die jugoslawischen Theoretiker um die Zeitschrift *Praxis* (1964–1975), die einen marxistischen Humanismus vertraten, der sich vor allem den Themen der Frühschriften von Marx und Engels zuwandte. Auf den jährlich stattfindenden Sommerschulen der »Praxis-Gruppe« auf der Insel Korčula wurden Fragen der Praxis, der Entfremdung und Ideologie diskutiert. Durch die Vielzahl ausländischer Gäste fanden die Diskussionen weite Beachtung im internationalen Marxismus und prägten die neomarxistisch orientierten Ansätze. Der jugoslawische Philosoph Gajo Petrović (1927–1993), Mitbegründer der Zeitschrift, erhöht die Praxis sogar zum zentralen materiellen Seienden, wenn er rhetorisch fragt: »Ist nicht die Praxis derjenige authentischste ›Modus‹ des Seins, der uns als einziger den wahren Sinn von Sein offenbart und deshalb auch nicht ein besonderer Modus, sondern das entwickelte Wesen des Seins ist? Ist nicht Praxis deshalb derjenige Ausgangspunkt, der uns ermöglicht, das Wesen der nichtauthentischen, ›niederen‹ Formen des Seins und den Sinn von Sein überhaupt zu sehen?«[200] Die Praxis ist zwar das Medium, durch das sich der Mensch mit der Natur verklammert. Durch sie können Natur und Geschichte überhaupt erst zum Gegenstand von Reflexionen zur Natur und zur Ge-

199 Labriola, Antonio: Über den Historischen Materialismus, Frankfurt/Main 1974, S. 318.

200 Petrović, Gajo: Praxis und Sein, in: Praxis 1/1965, S. 40.

schichte werden, da sie die Wechselbeziehung von Natur und Mensch anzeigt. Die Natur ist bei Petrović jedoch nicht mehr Voraussetzung und Ursprung der gesellschaftlichen Geschichte, sondern Produkt der Praxis. Er verlagert die vom Menschen unterschiedenen Merkmale der Natur vollends in das Subjekt, das durch Praxis ein geradezu göttlich-idealistisches Mandat erhält. Sie ist, da identisch mit dem Subjekt, funktioneller Formspender und Wesen des natürlichen wie gesellschaftlichen Seins zugleich. Die Natur erscheint in dieser Hinsicht nur im Lichte ihrer Nützlichkeit für das gesellschaftliche Subjekt. Diese übergeschichtliche Praxis wird letztlich statt der konkret-wirklichen zur Lokomotive des Geschichtsprozesses, die ihren Treibstoff durch vermehrte Naturausbeutung erhält, erhoben.

6. Zeitgenössische Materialismen

Im 20. Jahrhundert existierten jenseits der marxistischen Tradition materialistische Programmatiken, die sich vor allem an die Entwicklung der Natur- und Technowissenschaften banden. Besonders einflussreich sind naturalistische und realistische Materialismen geworden, deren Wirkung mit dem Beginn des 21. Jahrhunderts wieder eine Hochkonjunktur erlangt. Zum Losungswort avanciert, verbindet sich mit dem neuen Materialismus die gegenwärtige Abkehr von der Postmoderne. Einen Rezeptionsschub erhielten die materialistischen Ansätze u. a. durch die Weltwirtschaftskrise 2007 ff. und ihre andauernden politisch-ökonomischen Folgen; die wissenschaftlich-technischen Entwicklungen in der elektronischen Datenverarbeitung mit ihren möglichen Wirkungen auf die gesellschaftliche Praxis sowie die großen ökologischen Herausforderungen, die der kapitalogene Klimawandel stellt. Die Bandbreite der Themen umfasst daher Kunst, Politik, Technik, Wissenschaftstheorie und Philosophie.

So unterschiedlich die Konzeptionen auftreten, wobei die Grenzen untereinander fließend sind, ist ihnen doch der Anspruch gemein, Materie als primären Seinsgrund zu verstehen. Hierfür wagen sie insofern den Schulterschluss mit den Naturwissenschaften, als sie deren Ergebnisse und Methoden als Quell- und Orientierungspunkt ihrer Thesen proklamieren. Die dadurch resultierende Abhängigkeit von einer bestimmten Wissenschaft im Allgemeinen und einer speziellen theoretischen Ausrichtung im Besonderen wird aber meist nicht reflektiert, was sich auf ihren politischen Gehalt auswirkt. Denn neuere materialistische Theorien zeichnen sich dadurch aus, dass sie weder über ihren gesellschaftlichen Standort noch über die eigene disziplinbestimmende Geschichte Klarheit besitzen. Das zeigt sich dann, wenn auf der Suche nach progressiven Veränderungsmöglichkeiten gesellschaftspolitische Konsequenzen aus den naturwissenschaftlich gespeisten Überlegungen gezogen werden. So kann beobachtet werden, dass mitunter einzelwissenschaftlich gewonnene Erkenntnisse, die nur in ihren Bereichen Gültigkeit beanspruchen sollten, in Allgemeingültigkeit umgemünzt und auf andere Wirklichkeitsbereiche ausgeweitet werden. Die gesellschaftspolitischen Forderungen verdampfen schließlich in abstrakt-ideellen Formeln, die häufig Umstrukturierungen politischer Institutionen oder Änderungen individueller Verhaltensweisen anvisieren, ohne die hierarchischen Strukturen des gesellschaftlichen Totums zu thematisieren.

6.1. Spekulativer Materialismus

Gravitationszentrum der gegenwärtigen Renaissance materialistischer Philosophie ist das Konzept des französischen Philosophen Quentin Meillassoux (*1967). Er wendet sich gegen die von ihm wahrgenommene »›Religiösierung‹ der Vernunft«.[201]

201 Meillassoux, Quentin: Nach der Endlichkeit. Versuch über die Notwendigkeit der Kontingenz, Berlin/Zürich 2014, S. 70.

Die Vernunft sei »in eine undifferenziert gewordene Vielheit von Glaubensrichtungen zersplittert, die nunmehr aus der Perspektive des Wissens gleichermaßen legitim sind, und dies allein aufgrund der Tatsache, nur Glaube sein zu wollen«.[202] Aus der Vielgliedrigkeit der Wahrheitsansprüche folgert er, dass die Ergebnisse der Naturwissenschaften durch die Philosophie nicht mehr reflektiert werden könnten, obwohl diese eindeutig zeigen, dass es die materielle Wirklichkeit auch vor dem Menschen gab und diese somit unabhängig von ihm existiere. Die Philosophie sei aber im »Korrelationismus« gefangen. Wirklichkeit existiere für die Philosophierenden nur, wenn sie gedacht, vorgestellt oder sprachlich abgebildet werden könne.[203]

Gegen diese Entwicklung mobilisiert er aufklärerische Traditionen. Die Philosophie müsse sich spekulativ auf den Materialismus besinnen, um die extramentale Wirklichkeit denkbar zu machen. Doch wie? Hilfestellung biete die Mathematik: »*Es hat Sinn, alles, was vom Gegenstand in mathematischen Begriffen ausgesagt werden kann, als Eigenschaften des Gegenstands an sich zu denken.*«[204]

Meillassoux geht von zwei Voraussetzungen aus. Die materielle Wirklichkeit ist hyperchaotisch strukturiert. Permanent entstehen und vergehen immerfort Dinge, Sachverhalte und Gegenstände; sie ist kontingent. Das Denken hingegen ist streng nach logischen Gesetzmäßigkeiten gegliedert. Diese Strenge hat praktische Gründe. Wenn ich beim Essen um das Salz bitte, kann ich nicht den Pfeffer wollen, denn ich meine etwas ganz Bestimmtes. In einer sich verändernden Wirklichkeit bilden wir hypothetisch immerzu neue Identitäten, Gründe und Kausalitäten, um uns in ihr zurechtzufinden. Nun gibt es aber nichts, was nicht vergehen oder falsch sein kann. Das

202 Ebd.

203 Vgl. ebd., S. 19.

204 Ebd., S. 15 f.

steht im Widerspruch zur hyperchaotischen Wirklichkeit, in der nichts Notwendiges von ewiger Dauer ist. Das Salz kann sich als Pfeffer herausstellen; es könnte auch im Verschwinden begriffen sein. Diese Unsicherheit öffnet das Tor zur absoluten Skepsis. Wie kann ich überhaupt etwas Sicheres wissen? Stimmt meine Bezeichnung mit dem Gegenstand überein oder hat sich dieser bereits verändert? Was hat das für Folgen für die Existenz überhaupt? Woher wissen wir, dass überhaupt etwas existiert? Für Meillassoux hat Materialismus seinen Grund in der Wirklichkeit, da er diese Frage positiv beantworten kann. Denn es ist unmöglich, dass etwas existiert und zugleich nicht existiert. Das Salz kann nicht zugleich existieren und nicht existieren, irgendetwas *existiert* immer. Die Existenz ist für ihn das einzig Notwendige, da sie die Voraussetzung der Kontingenz ist.[205]

Diese logische Argumentation bildet den Hintergrund für Meillassoux' Versuch, die Wirklichkeit in eine Welt voller mathematisch-quantitativer Objekte zu transformieren, die ihre Daseinsberechtigung durch eine hyperchaotische Kontingenz gewinnen. In dieser Vorstellung sind alle qualitativen Besonderheiten und entwicklungsgeschichtlichen Komplexitäten wie Leben und Gesellschaft ausgeschieden. Schließlich sei nur eins sicher: Irgendeine zählbare Menge von irgendetwas ist immer da. So entwirft er das Modell einer durch und durch mathematisierten Welt, die der menschlichen Kontrolle entzogen ist, da ihr Schöpfer, der praktisch-tätige, wissenschaftlichdenkende Mensch, nicht auftaucht.

6.2. Naturalismus

Naturalistische Materialismen schätzen vor allem den Erkenntniswert der Naturwissenschaften, der als einzig sicher erachtet wird. Wissen über die Wirklichkeit werde nicht von der Phi-

205 Vgl. ebd., S. 105.

losophie, sondern von den empirischen Wissenschaften methodisch durch Experimente gewonnen. Der Naturalismus beansprucht, die angewandten Methoden auf ihre Gültigkeit hin zu prüfen und darüber hinaus das Verhältnis der einzelnen Wissenschaften zueinander zu bestimmen. So gilt es etwa zu reflektieren, warum die gegenwärtig fortschreitende Mathematisierung der empirischen Wissenschaften nicht dazu führt, dass diese zu Unterabteilungen der Mathematik werden. Dabei wehren sich naturalistische Ansätze vor allem gegen religiös, mystisch oder spirituell inspirierte Lehren und finden den Großteil ihrer Anhänger in den Naturwissenschaften.

Der Naturalismus *naturalisiert* verschiedene Bereiche des Menschlichen, d. h. Sprache, Erkenntnis, Psyche, Soziales werden als Spezialfälle der physikalischen Natur angesehen und sollen mithilfe der Methoden der Naturwissenschaften erforscht werden. Diese Vermischung und Gleichsetzung verschiedenster Bereiche unter der Natur ermöglicht, Sozialität aus Sprache, Sprache aus Psyche oder Erkenntnis aus Gehirnfunktionen abzuleiten. Die Ableitung kann aber nur gelingen, wenn zwischen den Bereichen eine strukturell-kausale Gleichheit vorausgesetzt wird. Wer außerdem warum Verschiedenes gleichmacht und warum ausgerechnet den Naturwissenschaften diese Aufgabe zukommen soll, bleibt zumeist unerörtert.

Wichtige Impulse für die Entwicklung naturalistischer Ansätze gingen vom französischen Wissenschaftsphilosophen Gaston Bachelard (1884–1962) aus, der einen wissenschaftlichen Materialismus forderte. Sein Materialismus beansprucht, im gesammelten Wissen der Naturwissenschaften und nicht in der alltäglichen Praxis des Menschen mit Dingen und Gegenständen begründet zu sein. Jede Wissenschaft erzeuge in Abhängigkeit ihres Gegenstands und ihrer Methode eigene konkrete Materievorstellungen. Der erreichte Stand der Wissenschaften nötige infolgedessen dazu, Materie nicht mehr substanzielldinghaft, sondern strukturell zu denken. Die Philosophie hingegen habe Materie immer verallgemeinernd substanziell dargestellt, was letztlich keinen Rückbezug auf die Wirklichkeit vorweisen könnte: »Verglichen mit dem gegenwärtigen Kenntnisstand der verschiedenen (mechanischen, physikalischen, chemischen, elektrischen) Instanzen des wissenschaftlichen Materialismus kann man getrost feststellen, dass der philosophische Materialismus ein Materialismus *ohne Materie*, ein ganz und gar metaphorischer Materialismus, eine Philosophie ist, deren Metaphern eine nach der andern vom wissenschaftlichen Fortschritt grundlos gemacht worden sind.«[206]

Auch im angelsächsischen Raum, besonders innerhalb der Analytischen Philosophie, banden sich die Materialismen seit der Mitte des 20. Jahrhunderts an die Naturwissenschaften. Sie treten bis heute in diesem Diskursfeld als Naturalismen auf und beleben den mechanisierten Materialismus der Aufklärung neu. Auf das sogenannte Leib-Seele-Problem, die Frage nach der Beschaffenheit des Mentalen und Physischen und ihrem Wirkungsverhältnis, gibt der Naturalismus eine monistische Antwort. Durch empirische Forschung soll der Erweis erbracht werden, dass Ideelles nur eine besondere Form des Materiellen sei bzw. auf Materie zurückgeführt werden könne. Die Wirklichkeit wird hierbei als natürlicher Prozesszusammenhang voller Kausalverhältnisse verstanden. Dieser Voraussetzung zufolge sind es die Naturwissenschaften, die einen exklusiven Zugang zur Wirklichkeit haben, da sie Ursache-Wirkungs-Komplexe innerweltlich erforschen und durch ihre Modelle rationalisieren.[207]

Getragen werden die naturalistischen Bemühungen von einem unreflektierten Weltbild, insofern lediglich behauptet

---

206 Bachelard, Gaston: Le nouvel esprit scientifique, zit. nach: Sandkühler, Hans Jörg: Materialismus, a. a. O., Sp. 1511.

207 Vgl. Danto, Arthur: Naturalism, in: Edwards, Paul (Hg.): Encyclopedia of Philosophy, Bd. 5, London/New York 1967, Sp. 448 ff.

wird, dass der Geist ein besonderes Element der häufig rein physikalisch verstandenen Natur ist, die wiederum synonym zur Wirklichkeit gebraucht wird. Die Natur wird demzufolge als noch unerforschte »Klotzmaterie« (Ernst Bloch) begriffen, der wir allmählich und nahezu kontemplativ ihre Geheimnisse entlocken. Die gesellschaftlichen Bedingungen der Theorieerzeugung bleiben hingegen im Dunkeln. Die Vorstellung einer solchen Natur geht vorbei an den durch kapitalistisch-industrielle Maschinenpraxis erzeugten Zwang der permanenten Verwandlung natürlicher Ressourcen in warenförmige Produkte. Dieses Gesellschaft-Natur-Verhältnis wird nicht als geschichtliche Etappe der kapitalistischen Wirklichkeit begriffen, sondern als natürlicher, geradezu ahistorischer Vorgang.

6.3. Realismus

Realistische Ansätze finden sich in der Politik, der Kunst und in den empirischen Wissenschaften. Eine realistische Politik orientiert sich dem allgemeinen Sprachgebrauch zufolge an den Tatsachen, Fakten und gegebenen Verhältnissen. Gleiches gilt für die Kunst, die die Realität strukturgetreu in Kunstwerke übersetzen möchte. In den empirischen Wissenschaften betonen realistische Konzepte die Wahrheitsansprüche ihres gewonnenen Wissens. Allen realistischen Konzeptionen ist die Frontstellung gegen einen Skeptizismus gemein, der in verschiedenen Variationen die Erkenntnisleistungen des Menschen bis hin zur gesamten Wirklichkeit bezweifelt. Eine anti-realistische Position wird dagegen immer die Erzeugungsleistung des Bewusstseins betonen, die der vermeintlichen objektiven Realität der Realismen unartikuliert beigemischt ist.

Jedem Realismus liegen zwei starke Annahmen zugrunde. Zum einen wird vorausgesetzt, dass es eine von unserem Denken unabhängige Wirklichkeit gibt. Zum anderen ist diese in ihrer Unabhängigkeit erkenn- und kommunizierbar. Eine realistische Philosophie stellt sich infolgedessen die Frage, wie wir diese Dinge außerhalb des Denkens erkennen können. In Abhängigkeit des Ausgangsfeldes werden bestimmte objektiv-reale Eigenschaften eines Gegenstandes angenommen, die wir dank unseres Bewusstseins oder unserer künstlerischen wie politischen Tätigkeit abbilden können. So gibt es u. a. kritische, metaphysische, spekulative, kausale, semantische oder agentielle Realismen, die einen bestimmten Weg zur Erklärung der Wirklichkeit bevorzugen. Jeder dieser Realismen wird verschiedene Antworten auf die Frage produzieren, wie viel wir von der Wirklichkeit erfassen können.

Der agentielle Realismus geht auf Karen Barad (*1956) zurück. Die Physikerin lehrt Philosophie, Wissenschaftstheorie und Feministische Theorien in Santa Cruz (USA).

Ihrer Auffassung nach »bezieht sich Materie nicht auf eine feste Substanz; vielmehr ist Materie Substanz in ihrem intraaktiven Werden – kein Ding also, sondern eine Tätigkeit, eine Gerinnung von Tätigsein. Materie ist ein stabilisierender und destabilisierender Prozeß schrittweiser Intraaktivität.«[208] Intraaktivität bedeutet hierbei, dass innerhalb von Verhältnissen vorläufige Objekte erst gebildet werden und nie vorgegeben sind. Der Bildungsprozess erzeugt bestimmte Begriffsbedeutungen und die Bestimmtheit von Gegenständen innerhalb ihrer Anordnungen. In einem Experiment legen etwa nicht nur die sich immerzu materialisierenden Faktoren – Fragestellung, Technik und Untersuchungsobjekt – das Ergebnis fest, sondern auch die Faktoren Geschlecht, Klassenzugehörigkeit und Individualität. Natur, Kultur, Gesellschaft ließen sich nicht voneinander trennen, sondern sind durch die universellen Bewegungseigenschaften der Materie miteinander verbunden: »Das Gesellschaftliche und das Naturwissenschaftliche werden gemeinsam konstituiert. Sie werden zwar zusammen hergestellt – aber keines von

208 Barad, Karen: Agentieller Realismus. Über die Bedeutung materiell-diskursiver Praktiken, Frankfurt/Main 2012, S. 40.

beiden ist einfach nur aus der Luft gegriffen. Vielmehr sind sie fortlaufende, erweiterbare, miteinander verschränkte, materielle Praktiken. Das Ziel besteht daher in einem Verständnis dessen, welche spezifischen materiellen Praktiken relevant sind und auf welche Weise sie relevant sind.«[209] Im Grunde entscheiden nur die raumzeitlichen Anordnungspraktiken, welche Qualitäten erzeugt werden. Ökosysteme wie ökonomische Entwicklungen werden so auf den Vollzug von Bewegungsabläufen reduziert und einander gleichgesetzt.

Barad stützt sich indessen auf die Quantenphysik, etwa in Bezug auf das Vakuum. Es ist nicht schon *etwas*, aber auch nicht die absolute Leere.[210] Es gibt demzufolge keinen Zustand, in dem keine Bewegung oder Energie vorhanden ist, sondern diese schwankt immer um den energetischen Nullwert. Dieses Vakuum ist für Barad »Quelle alles Seienden«.[211]

Von der Physik schreitet Barad unvermittelt zur Ontologie und letztlich zur Gesellschaftstheorie, indem sie eine posthumanistische Perspektive vorschlägt. Da der Mensch und seine Gesellschaftlichkeit nur Modi der universellen Materie sind, müsse mehr auf die Naturkenntnisse und die Technik gesetzt werden. Gerade die Technik, insbesondere die Bio- und Nanotechnologie, kann die Natur ehren, ihre Dynamiken erforschen und praktisch nutzen.

Barads ganze Hoffnung scheint darin zu bestehen, die Gesellschaft von ihren Malen durch den effizienteren Einsatz von Technik zu heilen, etwa durch verbesserte Prothesen, die die Privilegien »normaler« Körper nicht mehr als selbstverständlich erscheinen lassen und so den Weg zur Gesellschaftsveränderung

209 Ebd., S. 69.

210 Vgl. Barad, Karen: What Is the Measure of Nothingness? Infinity, Virtuality, Justice / Was ist das Maß des Nichts? Unendlichkeit, Virtualität, Gerechtigkeit, Ostfildern 2012, S. 23.

211 Ebd., S. 24.

ebnen.[212] Das Denken müsse sich lediglich dem technischen Fortschreiten und den quantenphysikalischen Naturgegebenheiten beugen. Da der Mensch bei Barad aus naturalistischen Erwägungen heraus sein Verhältnis zur Natur nicht selber in Gesellschaft produziert, sind die spezifischen Unterschiede zwischen Aktivität, Tätigkeit, Praxis und Arbeit völlig eingeebnet. Die geistig-kulturellen Qualitäten werden deshalb in die quantenphysikalische Natur verlegt, was ihrem Realismus einen pantheistischen Anstrich verleiht.

7. Schlussbemerkung

Die Anzahl materialistischer Lehren war wahrscheinlich noch nie so hoch wie zu Beginn des 21. Jahrhunderts. Die Attribute, die sich materialistische Lehren geben oder erhalten, sind unüberschaubar geworden und zeigen die Vielfalt der Differenzen zwischen ihnen an. Die Gefahr, den Wald vor lauter Bäumen nicht zu sehen, ist groß. Gerade wenn materialistische Philosophien eine Renaissance erfahren, steigt das Risiko, dass Materialismus zum Allerweltsbegriff verkommt. Es zeigt sich aber im Gang der Geschichte, dass die Fragen, was Materie ist, wie sie sich bewegt und wie sie gedacht werden kann – trotz aller Variationen in den Konzeptionen –, erhalten bleiben. Die vielfältigen Verstrebungen mit den Natur- und Gesellschaftswissenschaften schärfen und verfeinern indessen die Reichhaltigkeit der materialistischen Lehren. Auch hier zeigt die Geschichte des Materialismus, dass die Schulterschlüsse mit den Wissenschaften und den gesellschaftlichen

212 Vgl. Haug, Wolfgang Fritz: Kosmischer Animismus bei Karen Barad. Mensch, Natur und Technik im Hightech-Kapitalismus (II), in: Das Argument 315/2016, S. 50f.

Praxen unverzichtbare Bestandteile jeder Theorieproduktion sind.

Die Facetten materialistischen Denkens, seine Denkmittel und -stile, sind in den meisten wissenschaftlichen Disziplinen angekommen, wurden den Untersuchungsgegenständen angepasst und prägen den weiteren Verlauf der Wissensgewinnung, selbst da, wo nicht explizit von Materialismus gesprochen wird. Materialistische Philosophie, Natur- und Gesellschaftswissenschaften sind in dieser Hinsicht untrennbar, wenn auch nicht identisch. Die Philosophie reflektiert den Prozess der Kategorisierung, die Genese und Struktur des Denkens. Hierfür stützt sie sich auf die Erkenntnisse der anderen Wissenschaften und untersucht deren Wissensgenese. Eine materialistische Philosophie wird immer die Priorität des Materiellen gegenüber dem Ideellen betonen, die Wirklichkeit materiell begreifen und aus sich heraus zu erklären versuchen. Wie jedoch die Priorität begründet und was hierfür herangezogen wird, macht die Differenz der materialistischen Lehren aus.

Abhängig von den historischen Kontexten, in denen eine materialistische Philosophie sich äußert, zeigt sie auch ihren politischen Gehalt an. War der Materialismus der Frühen Neuzeit gegenüber der christlichen Scholastik progressiv-revolutionär, als er im Namen des Bürgertums Gott aus der philosophischen Wahrheitssuche verbannte, wurde er in dem Moment reaktionär, als seine Vertreter im späten 19. Jahrhundert den Menschen zum Opfer seiner Organfunktionen erklärten. Diese Erklärungsmuster haben bis heute überlebt. Von den Neurowissenschaften ausgehend, gibt es aktuell wieder Bemühungen, Gedanken, Gefühle, Erinnerungen usw. als Konstrukt und Ausfluss des menschlichen Gehirns zu deuten und die anschauliche Außenwelt als unerkennbar zu deklarieren.[213] Dass

213 Vgl. Roth, Gerhard; Struber, Nicole: Wie das Gehirn die Seele macht, Stuttgart 2014. Dazu die Rezension von: Anne Rohner, in: Das Argument 313/2015.

sie im Gehirn anschaulich gemacht werden können, weil sie dort ihren Ausdruck finden, bedeutet aber nicht, dass sie diesem Organ ursächlich entspringen und dieses den Menschen auf wenige Denk- und letztlich Handlungsweisen beschränkt. Die Funktion eines Organs wird nur durch seine Rolle innerhalb des Geflechts der Organe im Körper verstanden. Deren Funktionsweisen sind Teilbedingungen für die Funktionsweise des Körpers. Andernfalls hätte die Erklärung des Denkens aus der Funktionsweise des Gehirns etwa so viel Wert, wie das Fahren eines LKWs durch das von mir sichtbare Drehen seiner Räder zu erklären. In ideologischer Hinsicht wird so das Hinnehmen bestehender Verhältnisse befördert, da durch die scheinhafte Erzeugung von Wissenschaftlichkeit Gültigkeit suggeriert und der universelle, weil gesellschaftliche Charakter des denkenden Körpers verstellt wird. Zum einen wird die Funktionsweise des denkenden Körpers nicht als gesellschaftliche Tätigkeit aufgefasst, dessen konkrete Modi durch seinen gesellschaftlichen Standort begründet werden. Andererseits wird die Perspektive einer auf Freiheit und Emanzipation gerichteten politischen Praxis verzerrt. Denn die Funktionsweise des denkenden Körpers ist in Bezug auf die ihm gegebene Situation formschaffend, indem dieser z. B. die Mängel seiner Situation erkennt und die Mittel zu ihrer Beseitigung praktisch erzeugt und ergreift.

Der historisch-dialektische Materialismus übernahm zwar nicht die mechanizistische Denkweise des bürgerlichen Materialismus, orientierte sich aber an seinem kritischen Geist. Historisch-dialektischer Materialismus fordert auch, dass sich Theorie ihrem kritischen Potenzial zu stellen hat, denn materialistische Theorie »ist immer auch kritische und bezieht das Kriterium ihrer Kritik aus der Praxis«.[214] Sie versucht, die ideologischen Implikationen jeder Theorie zu durchschauen, jede Theorie im-

214 Holz, Hans Heinz: Problemgeschichte der Dialektik, Bd. 5, a. a. O., S. 572.

mer auch als theoretisch-praktischen Ausdruck und Vollzug von materiell-gesellschaftlichen Verhältnissen zu deuten. Dem zugrunde liegt die Vorstellung, dass Praxis Voraussetzung jeder (philosophischen) Erkenntnis ist. Praxis meint aber nicht die atomisierte Tätigkeit eines Einzelnen, sondern wird als gesellschaftlich vermittelte verstanden, die immer im Konnex der vorhergehenden und bevorstehenden Praxis, aber auch der anderen praktisch Tätigen steht und insgesamt die Produktionsverhältnisse ausmacht. Das bedeutet aber nicht, dass der Mensch in seine Gesellschaftlichkeit eingemauert ist, sondern immer gleichzeitig in der Natur und in der Geschichte steht. Er verarbeitet die Natur als geschichtlich-gesellschaftliches Wesen und anerkennt ihre selbstgenügsame Universalität als Voraussetzung ihrer praktisch vollzogenen Umwälzung, die durch den Stand der Technik, Wissenschaften, Künste, Rechtsformen usw. gesellschaftlich bedingt ist.

In diesem Sinne ragt die gesellschaftliche Praxis immer über ihren derzeitigen Status quo hinaus. Doch damit sind die Wege zur Überschreitung bedrückender gesellschaftlicher Verhältnisse keineswegs unmittelbar eröffnet, denn im Fortschreiten der gesellschaftlichen Entwicklungen ist noch nicht ihr Fortschritt inbegriffen. Auf die Wege wird schließlich in und durch bürgerliche Gesellschaft verwiesen, die sich in Klassen gliedert, deren klasseninterne und -externe Kämpfe sich um die möglichst weitreichende räumliche und zeitliche Verfügung von gesellschaftlicher Praxis in der Gegenwart und in der Zukunft drehen. Über diese Verhältnisse und ihre Verschiebungen möglichst umfassend und aktuell zu informieren ist die theoretische Aufgabe des historisch-dialektischen Materialismus.

Ihr politisches Mandat sieht eine so verstandene Theorie darin, auf die Mittel zu verweisen, die einen neuen, nicht kapitalistisch verformten Grundtyp von Praxis hervorbringen können, wo »die assoziierten Produzenten diesen ihren Stoffwechsel mit der Natur rationell regeln, unter ihre gemeinschaftliche Kontrolle bringen, statt von ihm als von einer blinden Macht beherrscht zu werden; ihn mit dem geringsten Kraftaufwand und unter den ihrer menschlichen Natur würdigsten und adäquatesten Bedingungen vollziehn«.[215] Nur durch das bewusste Sein der noch ausstehenden Karrieren des gesellschaftlichen Glücks kann eine materialistische Theorie den »Ludergeruch des Revolutionären«[216] bewahren.

215 Marx, Karl: Das Kapital. Kritik der politischen Ökonomie, Bd. 3, in: MEW 26, S. 828.

216 Bloch, Ernst: Das Materialismusproblem, seine Geschichte und Substanz, a. a. O., S. 15.

Einige Literaturhinweise

Überblicksdarstellungen

Bloch, Ernst: Das Materialismusproblem, seine Geschichte und Substanz, Frankfurt/Main 1975.

Holz, Hans Heinz: Problemgeschichte der Dialektik, 5 Bde., Darmstadt 2011.

Kopf, Eike: Materialismus. Ein Überblick der Antike bis heute. Köln 2014.

Lange, Friedrich Albert: Geschichte des Materialismus und Kritik seiner Bedeutung in der Gegenwart. Leipzig 1873/75, Frankfurt/Main 1974 (Neudruck).

Ley, Hermann: Geschichte der Aufklärung und des Atheismus. 5 Bde., Berlin 1966 ff.

Moritz, Ralf (Hg.): Wo und warum entstand Philosophie in verschiedenen Regionen der Erde?, Berlin 1988.

Overmann, Manfred: Der Ursprung des französischen Materialismus. Die Kontinuität materialistischen Denkens von der Antike bis zur Aufklärung, Frankfurt/Main u. a. 1993.

Seidel, Helmut: Vorlesungen zur Geschichte der Philosophie. 4 Bde., Berlin 1980 ff.

Steigerwald, Robert: Materialistische Philosophie. Eine Einführung für junge Leute, Essen 1996.

Spezialdarstellungen

Arndt, Andreas et al. (Hgg.): Materialismus und Spiritualismus. Philosophie und Wissenschaften nach 1848, Hamburg 2000.

Autorenkollektiv (Hg.): Einführung in den dialektischen und historischen Materialismus, Berlin 1971.

Baeumker, Clemens: Das Problem der Materie in der griechischen Philosophie, Münster 1890.

Bayertz, Kurt et al. (Hgg.): Der Materialismus-Streit, Hamburg 2012.

Bunge, Mario / Mahner, Martin: Über die Natur der Dinge. Materialismus und Wissenschaft, Stuttgart 2004.

Flasch, Kurt: Das philosophische Denken im Mittelalter, Leipzig 2013.

Grossmann, Henryk: Die gesellschaftlichen Grundlagen der mechanistischen Philosophie und die Manufaktur, in: Zeitschrift für Sozialforschung, 2/1935.

Iljenkow, Ewald: Dialektik des Ideellen, Münster 1994.
Jaeggi, Urs et al. (Hgg.): Theorien des Historischen Materialismus, Frankfurt/Main 1977.
Kangal, Kaan: Friedrich Engels and the Dialectics of Nature, Cham 2020.
Kimmerle, Heinz (Hg.): Modelle der materialistischen Dialektik. Beiträge der Bochumer Dialektikarbeitsgemeinschaft, Den Haag 1976.
Krauss, Werner / Mayer, Hans (Hgg.): Grundpositionen der französischen Aufklärung, Berlin 1955.
Laitko, Hubert / Schulz, Gerhard (Hgg.): Struktur und Formen der Materie: Dialektischer Materialismus und moderne Naturwissenschaft, Berlin 1969.
Laßwitz, Kurd: Geschichte der Atomistik vom Mittelalter bis Newton, Hamburg/Leipzig 1890, Hildesheim 1963 (Neudruck).
Leinkauf, Thomas (Hg.): Grundriss des Humanismus und der Renaissance, Hamburg 2016.
Ley, Hermann: Studie zur Geschichte des Materialismus im Mittelalter, Leipzig 1953.
Plechanow, Georgi: Beiträge zur Geschichte des Materialismus – Holbach, Helvétius, Marx, Berlin 1957.
Schmidt, Alfred (Hg.): Beiträge zur marxistischen Erkenntnistheorie, Frankfurt/Main 1971.
Schmidt, Alfred / Post, Werner: Was ist Materialismus? Zur Einleitung in Philosophie, München 1975.
Stiehler, Gottfried (Hg.): Beiträge zur Geschichte des vormarxistischen Materialismus, Berlin 1961.
Thom, Martina / Gößler, Klaus: Die materielle Determiniertheit der Erkenntnis, Berlin 1976.
Wahsner, Renate: Naturwissenschaft, Bielefeld 2002.
Wittich, Dieter (Hg.): Vogt, Moleschott, Büchner, Schriften zum kleinbürgerlichen Materialismus in Deutschland, 2 Bde., Berlin 1971.
Wittkau-Horgby, Annette: Materialismus: Entstehung und Wirkung in den Wissenschaften des 19. Jahrhunderts, Göttingen 1998.

Nachschlagewerke

Buhr, Manfred et al. (Hgg.): Philosophisches Wörterbuch, 2 Bde., Leipzig 1976.
Haug, Wolfgang Fritz et al. (Hgg.): Historisch-Kritisches Wörterbuch des Marxismus, 8 Bde., Hamburg 1994 ff.
Mittelstraß, Jürgen (Hg.): Enzyklopädie Philosophie und Wissenschaftstheorie, 8 Bde., Stuttgart/Weimar 2005ff.
Ritter, Joachim et al. (Hgg.): Historisches Wörterbuch der Philosophie, 13 Bde., Basel 1971 ff.
Sandkühler, Hans Jörg (Hg.): Enzyklopädie Philosophie, Hamburg 2010.